JN411999

가을을 줍는 여인

박 신 애 지음

북산책

목차

제 3 장
기어코 엄마로 남을 거라고

제 4 장
살아간다는 건 모두 꿈인가?

제 2 부
천지는 끝내 제 자리로

제 1 장
순간마다 도장 찍듯

제 2 장
세월에 낚싯대 드리우고

제 3 장

한 수씩 삶을 배우며

제 4 장

이 순간이면 충분하다

제 3 부

세월의 강을 건너며

제 1 장

다시 일어서는 연습

제 2 장

오늘이라는 내일

序文(서문)

水晶같이 마알간 가을
女人은 가을을 줍습니다.

이 귀절은 작자의 모습을 단적으로 보여주는 것 같다. 작자는 가정의 중년부인답지 않게 그야말로 「水晶처럼」 투명하고 「마알간 가을하늘」처럼 청초한 느낌을 주게 된다. 더구나 「가을을 줍는」 소녀적인 다정다감한 서정은 그의 전 작품에 수맥(水脈)처럼 서려 있는 것이다.

우리는 간혹 생활의 군살이 오르지 않고, 소녀적인 순수성을 그대로 간직하고 있는 중년부인을 만나게 된다. 그리고 그런 분의 순정이나 다감성은 소녀에게서보다 한결 소녀적인 강렬한 인상을 풍겨주며, 그 때 묻지 않은 순결한 서정에 섞여 깊은 감동을 받게 된다.

이 시집의 저자는 드물게 대하게 되는, 그런 분의 한 사람이다.

*

朴 信愛女史는 네 자녀의 어머니로서, 부군을 따라 해외에 오랫동안 유했다고 한다. 이역(異域)의 고달프고 서글픈 생활 속에서 거의 자연발로적인 그것으로 고향에의 그리움이나 고독감을 노래한 것이 그의 작품들이며, 그리므로 일부러 다듬고 꾸미려는 작위적(作爲的)인 흔적은 찾아볼 수 없다. 또한 그것이 미숙한 것은 미숙한 대로, 세련된 것은 세련된 그것대로 일종의 청렬(淸冽)한 정결성과 지금적(地金的)인 신선감을 주게 된다

朴 信愛女史의 作品에서 노래된 망향(望鄕)의 그리움이나 이국의 고독감에는 어둡고 처절한 것들이 깃들어 있지 않다. 언제나, 안정된 바탕 위에서 밝고 따뜻한 애정의 불씨를 안고 있다. 그것은 그의 고독감이나 망향의 그리움이 부군에의 순애적(純愛的)인 것으로 집중·변질되며, 그

것에서 신뢰와 안정의 세계를 발견하기 때문이다. 그리하여 웃음 밑에 조그맣게 자란 웃음 속에서 조그맣게 조그마한 행복 속에 있으렵니다… 하고 단정하게 되는 것이다. 이 「조그맣게 자란 오늘」이나 「조그마한 행복」이야말로 허허로운 이역(異域)의 벌판 속에서 부군에의 끝없는 신뢰와 사랑의 테두리 안에서만 발견할 수 있는 한 여인의 행복일 수 있다. 또한 그것이 일종의 소녀적인 가련성을 인상 지워주는 것이기도 하다.

*

이 시집은 우리가 잊어버린 부부애의 원초적인 애정이나, 현대생활에서는 망각되어진 향수를 불러일으키고 순정을 일깨워 주는 것이다. 나아가서는 이 작자가 노래한 「조그만 행복」속에 젖어들게 한다.

이국의 양지(陽地)에 핀 한 송이의 코스모스 — 그 다감다정하고, 서럽게 아름다운 꽃송이 위에 신의 축복이 있기를 축원한다.

1974年 5月 1日

朴木月 朴木月

『고향에서 타향에서』

프롤로그

다시, 가을을 줍는 마음으로

아흔의 고개를 바라보며 또 한 권의 책, 《가을을 줍는 여인》을 세상에 내놓는다. 벌써 열네 번째 책이다. 그러나 내게 이 책은 마치 처음처럼 떨리고, 고요한 시작의 자리로 돌아가게 해주었다.

1974년, 나는 첫 시집 《고향에서 타향에서》를 펴냈다. 그 안에는 한 편의 시 「가을을 줍는 여인」이 있었다. 그 시를 읽은 박목월 선생님께서 내게 손수 추천의 글을 써주시고, 유명 화가의 작품을 넣어 책 표지까지 만들도록 정성스레 도와주셨다. 그때 나는 아직 젊었고, 글에 대한 열정만큼이나 두려움도 많았다. 그러나 선생님의 따뜻한 격려와 서문의 한 줄 한 줄은 내 마음 깊은 곳에 사그라지지 않는 불씨가 되고, 가장 먼저 뜬 새벽별이 되었다. 그 영롱한 빛은 세월의 풍상 속에서도 한 번도 꺼지지 않았고, 꼬박 반세기 동안 오늘 이 순간까지 나로 하여금 한시도 펜을 놓지 않게 했다.

이번 책의 제목을 《가을을 줍는 여인》이라 하고, 다시 그 시절 박목월 선생님의 서문을 실은 이유가 바로 여기에 있다. 내 글의 시작이 그분의 따뜻한 시선과 격려에서 비롯되었기에, 그 은혜를 잊을 수 없었다. 타향에서 수많은 계절을 건너며 언어의 향기와 고향의 그리움을 글로 엮을 수 있었던 것은 모두 그 첫 손길 덕분이었다.

젊은 날의 서툰 시절부터 지금까지, 시는 나를 지탱한 믿음이었고, 외로움 속에서도 나를 살게 한 숨결이었다. 이제는 멈추어도 될 것 같지만, 어딘가에서 여전히 속삭이는 시인의 부름은 나를 다시 길 위에 세운다. “아직도 더 걸어야 한다. 아직도 써야 할 말이 있다.” 그 부름에 이끌려 나는 또다시 발걸음을 옮기며 세상에 띄우는 긴 편지를 써 내려간다. 비록 그것이 때로는 푸념 닮은 기도일지라도, 그 기도 속에는 여전히 다시 시작하려는 나의 노래가 숨어 있다. 글은 내 안의 무질서를 다스리는 한 줄기 채찍이요, 나를 스스로 일으켜 세우는 숨이며, 인생의 어둠을 밝혀주는 등불이다. 그리고 나는 바란다. 언젠가 이 글들이 내 딸들과 손녀들, 그리고 다음 세대의 걸음을 비춰주는 조용한 불빛으로 남기를.

《가을을 줍는 여인》은 한 생명이 마감의 때를 가까이 맞으며, 그 방황의 흔적들을 조심스레 모아 쓴 서툴고 보잘것없는 내 마음의 중얼거림들이다. 그 소박한 숨결들이 오늘 이렇게 한 권의 책으로 태어날 수 있었던 것은, 나의 글 속에 깃든 열정을 색색의 고운 실로 거친 천 위에 수놓듯 정성껏 다듬고 다려, 한 폭의 작품으로 빚어주신 『북산책』 김영란 대표님의 헌신 덕분이다. 글이 곧 삶이었던 나를 다시 글로 세워주신 김 대표님께 마음 깊은 곳에서 우러나는 감사를 드린다.

이 수필집 《가을을 줍는 여인》을 펴내며 나는 다시 처음의 마음으로 돌아가고자 한다. 가을의 햇살 아래 낙엽 하나를 조심스레 주워 들던 그 때처럼, 여전히 글을 사랑하고 삶을 사랑하며, 단어 하나에도 감사할 줄 아는 마음으로.

그리고 이 모든 여정의 시작이 되어주신 박목월 선생님께, 이 늦은 인사를 바친다.

"선생님, 그때의 격려가 제 인생을 바꿨습니다. 저는 아직도 글을 줍고 있습니다. 가을을, 그리고 삶을."

2025년 11월 10일 샌프란시스코 불빛 내려다 보이는 새벽에

저자 박 신 애

제 1 부

시간의 강을 건너며

제 1 장 새로운 시작의 길목에서

 다른 길 끝까지 가 보리라

나는 오늘, 내 삶의 한 모서리에서 마음을 올올이 풀어놓으며 천천히 걸어가 본다. 가락가락 뿔뿔이 흩어져 떠나가는 생의 애착들에게 조용히 손을 흔들며 "아디오"라고 속삭인다. 괜찮은데, 안 괜찮은데, 이 두 말을 번갈아 되뇌며 나는 용감하게 마음을 다잡는다. 이제부터라도 다른 길 끝까지 가 보리라, 단단히 다짐한다. 총총히 줄지어 닫힌 수많은 문 앞에서도 나는 한 발짝, 또 한 발짝, 앞으로, 앞으로 성큼성큼 걸어 들어가리라 다짐한다. 내가 알아온 그만큼의 '나'를 믿고, 오늘도 내일도 그리고 내 앞에 남은 모든 내일도 그렇게 꿋꿋이 나아가리라.

삶은 언제나 투쟁, 순간순간의 작은 이김들이 이어지는 길이다. 나는 지금 내 눈앞의 빈 시간 속으로 아슬아슬 더듬더듬 발을 들여놓는다. 무서움에 경련이 일어도 기어이 내 이름을 '용감'이라 붙여놓고 스스로에게 목청 높여 부른다. "용감아, 용감아!" 거울 앞에 서면 나이는 보지 않으려 눈을 감고 내 안을 들여다본다. 복잡하고 아리송한 감정들 속에 숨어 있는 진짜 '나'를 샅샅이 찾아가며, 어둠 속에서도 마지막 꽃 한 송이를 피워야 한다고 고집한다. 칠흑 같은 어둠을 뚫고 쏘아대는 꽃들의 광채, 그 빛이 환히 보이는 듯 멀리 훗날의 한 송이를 애써 훔쳐본다. 눈앞에 어른거리는 세상 끝자락의 순간처럼 기어이 숨죽여 바라보며 흔들리는 마음을 꾹꾹 눌러 잠재우고, 펼쳐질 다음 순간을 숨죽여 기다린다.

새로운 시작의 길목에서

알면서도 왜, 왜 나는 나 자신에게 묻고 또 묻는다. "왜냐고? 왜 또 울고 있느냐고?" 평생을 걸고 지켜온 그 약속, 굳게 다짐했던 인내라는 약속을 벌써 잊었느냐고, 그토록 잘 견디고 버텨왔으면서 이제 와서 왜 더는 안 되겠다고 고개를 떨구느냐고 나는 다그친다. 삶의 길목마다 나는 곧잘 발이 푹 빠지곤 했다. 색색의 불빛을 눈부셔하며 길을 잃기도 했고, 그러다 다시 후다닥 제자리를 찾아 작은 전진을 반복하며 '나'는 그럭저럭 여기까지 왔다.

풀기 어려운 인생의 질문들은 왜 그리도 많은지, 새벽마다 봇물 터지듯 쏟아져 내리는 감당하기 힘든 물음들 앞에서 나는 순간순간 '정도!'를 외치며 살아왔다. 여전히 목청 높여 '正度(정도)'를 외치는데 왜 그 길은 아직도 뚜렷이 보이지 않는 걸까. 어디로 가야 하는지, 그 가르침은 왜 여태 내게 들리지 않는 걸까.

그 길만 찾을 수 있다면 "나 이제 죽어도 좋아." 겁 없이 부르짖어 보지만, 곧장 겁에 질린 가슴은 바싹 오므라든다. 나는 무엇을 믿고 그 험한 '정도의 길'을 바라보며 살아왔을까. 깊숙이 슬퍼진 눈빛으로 스스로에게 되묻는다.

정막했던 Del Web의 오목한 골짜기를 벗어나 넓은 세상으로 훌쩍 빠져나온 뒤, 나는 또다시 새로운 시작의 길목에 우두커니 서 있는 나를 본다. 창가에 서서 내려다보는 저 아래 세상, 불빛 가득한 창 하나하나가 삶의 정경으로 반짝인다. 그 불빛마다, 별처럼 빛나는 생명들마다 나는 다가가 인사를 건네고 싶다. 그들이 살아내는 하루하루가, 내게도 또 다른 시작의 빛이 되어주기를 바라며, 나는 오늘도 묵묵히 그 길 끝으로 걸어간다.

<새벽>

팔 길게 앞으로 뻗으면
소중한 그 무엇
건져 올릴 것만 같은
유혹의 새벽

갖가지 바람과 간절함
저 멀리 모여 있어
그 곳 향해 그리운 이 이름 부르면
곧장 달려와 줄 것만 같은
충동의 새벽
새벽인가 하면
야밤 한 시, 두 시~

눈 떠 시계 바라보고
또다시 보는
새벽은 마치
숨겨 놓은 내 꿀단지처럼
늘 그렇게 찾아오시거늘

<황혼의 바다>

나는 어쩌다
산골짝 어느 기슭에
작은 빗방울 하나로 시작하였지.

어찌어찌 그 길 빠져나와
발고랑 따라 졸졸 흐르다
길 없는 곳 한참을 헤매었지.

어찌어찌 마침내
바다와 섞여
물결 따라 흔들리는 나

"괜찮다"와 "안 괜찮다"
번갈아 되뇌었지.
어느덧 '끝' 마지막 자리

내 황혼은 바다 되어
수많은 배들과 더불어
출렁이고 있지.

삶의 건널목마다 그림 남기며

나, 동쪽 작은 나라에서 태어나 지금은 너무 많이 서쪽으로 기울어진 생명, 나, 지금은 왜 어딘가로 몽땅 푹 빠지고 있는 걸까? 이러다 완전히 보이지 않게 된다면, 그 어느 '무(無)'들의 집단 속으로 물처럼 스며들어 영원히 자취가 사라져 버린다면.

귓전에 어렴풋이 들리는 소리, 어디선가에서 자꾸 내 이름을 부르는 그 소리, 나는 분명히 들었다. 지금도 귓가에 간질이며 속삭이는 소리, "하나가 더 필요해", "하나가 모자라", 그것이 바로 죽음이라는 그 '무' 들의 집단이었을까?

보이지 않는 그곳, 그곳은 대체 무엇을 하는 곳 무슨 자리인가. 나, 한 번만이라도 알아듣게 누군가 말해주면 좋겠네. 한 줄기 찬 바람이 귀띔해 줄듯 귓전을 스치고는, 이내 나를 놀리듯 훌쩍 사라져 버린다. 어디로 사라졌는지 알 수 없는 그곳, 그 어딘가가 더욱 아득하다.

창 아래 언덕배기에 소복이 차오른 삶의 흔적들, 희로애락의 집단소처럼 빽빽이 들어선 동네, 눈앞에 펼쳐진 알록달록 불빛 켜진 S.F. Bay 풍경, 나는 저 집들마다 문 열고 들어가 울부짖고 있는 누군가가 있다면 그 손 꼭 잡아주고 싶다.

나는 또 한 번의 시작을 향해 내 앞에 버티고 선 문을 열고 들어간다. 낯선 골목마다 더듬거리는 발길 옮기며 조심스레 한 발, 또 한 발 떼어놓는다. 주저앉아 버릴 수도 멈춰 버릴 수도 있지만, 그러나 그 모습은 내가 아니다. 다시 힘 내어 나아가는 용감한 자, 그것이 내 모습이다. 허리를 곧추 세우고 다리에 힘 주어 한 발 더 멀리 나아간다. 꽁한 마음 툴툴

털고 허허 웃음 한 번 크게 터뜨리며- 곧장 앞으로 나아간다. 삶의 건널목마다 또 다른 그림 남기며, 그것이 곧 멋진 삶, 이김으로 향해 가는 길이라는 것을 나는 알고 있다.

'승리자'라는 이름표

그림 그리듯 이 삶의 또 다른 한 모습을 남겨 보고 싶다. 저 멀리서 종치는 일꾼이여, 내 마음 활짝 깨어나도록 종 한 번 더 크게 울려주세요. 매 순간은 새로 태어나는 것, 싹은 촉 트여 자라나는 것. 인간으로, 꽃으로, 수목으로, 사자며 뱀 같은 냉혈 생명으로도 모습은 드러난다. 순간들이 새로 태어나 오늘을 촘촘히 이어 붙이며, 나는 그 연쇄 속에서 다시 또 내가 되어 있는 나 자신을 새롭게 본다. 새로움의 시작들이 고리처럼 이어진 생명을 펼쳐 보면 층층이 비옥한 토대가 눈에 들어오고, 그 위에 나는 꿈을 꼭꼭 심는다. 아리따운 화초 한 포기 꽃 피울 꿈에 흠뻑 젖는다.

생각해 보니 이토록 쉬운 일을 두고 괜스레 울음 강물을 흘릴 뻔했지. 지금은 삶의 간격이 넓어지는 과정, 그 과정은 언제나 줄 서기의 혼돈으로 시작하지만 제 줄 찾아 섰을 때 비로소 평안해지는 것을. 나 지금 가는 길 찾아 헤매지만 반드시 찾으리라, 언제나 그랬듯 나는 나를 믿으며.

또다시 밝은 종소리 동녘에 환히 새벽을 틔우면, 빛살이 가리키는 곳 따라 행진의 첫 발을 디뎌 놓는 그 하루만큼의 삶을 설계한다. 나는 그 길 위에 '승리자'라는 이름표 가슴에 붙이고, 힘차게 '다시 시작'이라는 길 따라 앞으로 나아가 본다. 어느 때보다 단단히 발아래 땅 꼭꼭 밟아 다지며, 걸어서 우뚝 설 그날을 꿈꾼다. 남겨진 어제의 토대 위에 꿈들을 다시 이어, 새롭게 세워 일으키는 건설의 일꾼으로.

달리는 통근차들 흐름을 바라보며, 끊임없이 오가는 사람들로 현재가 유지되고 지탱되는' 존재의 모습'을 생생히 본다. 비워지지 않고 이어가는 '현재'를, 나는 이렇게 눈 앞에서 지켜보고 있다. 더하기와 빼기로 현재가 항시 유지되는 뚜렷한 삶의 틀 속에서.

Gently, carefully, roll today toward tomorrow!(오늘을 부드럽게, 조심스레 내일 쪽으로 굴려 간다.)

잡힐 듯 잡히지 않는 이야기

언덕배기 아래 무수히 반짝이는 불빛들은 내가 알아듣기 힘들었던 수학 공식처럼, 어려운 생명의 길 보여주는 듯하다. 초롱하게 마음 불 밝히고 귀 쫑긋 세워, 숨 죽여 가면서 다시 배워보는 우리들의 생명 이야기. 잡힐 듯 잡히지 않는 무궁무진한 의문의 '답'들 밀려오고, 무형으로 엉켜 있는 터득하기 어려운 가르침들이 내 앞을 가로막는다. 거대하고 거대한 뜻, 어찌 쪼끄만 내가 감히 풀어 알 수 있겠어? 슬며시 덮어 두고 돌아서 보지만, 하나를 덮어 버리면 사방에서 또 하나씩 툭툭 돋아나는 형체 모를 '고뇌'라는 놈들이 멍청이라며 내 옆구리 연신 콕콕 찌른다. 내 마음 깊이 숨어 있는 간절한 숙원 여전히, 강물처럼 끊임없이 졸졸 흐른다.

한 흐름이 사라지기 전 한 번의 마감을 준비하는 찰나, '나'는 삶과 죽음이 이어지는 중간 대목 그 사이에 머문다. '시'라는 허망 안으로 아무리 깊숙이 파고들어도 차오르지 않는, 그저 심심풀이 연기 같은 이 삶의 연극 한 토막. '인생 철학?' 첩첩 산중 골짜기 따라 내 마음이 파고드는 일은, 더 깊은 슬픔의 동굴로의 입항일 뿐. 삶에 정확한 답은 아예 어디에도 없다는 것, 그래서 내가 찾아낸 답은, 늘 만사에 순종하고 감사하며 그냥 그렇게 살아가는 것뿐이라는 사실.

S.F. Bay가 훤히 내려다보이는 내 침실 창가로 다시 찾아온 크리스마스, 나는 장난감 같은 작은 트리를 세우고 내 생애 또 한 번의 '크리스마스'를 가슴 설레며 맞는다. 간절한 가슴 끌어안고 나는 세월의 손 꼭 잡아 악수를 청해본다. 다가오는 날에도 나는 이곳에 또렷이 작은 점 하나를 찍어 두고, 한 번 더 발버둥 치겠지? 내 마음 소중히 '금종이'에 싸서 수레에 담아 놓고, 또다시 '사랑의 시작'을 알리는 종을 친다. 흙으로 향해 가는 이 길의 터전 위에서, 다시 또 다시.

저울추에 달아보는 삶의 무게

이 세상 이전의 길, 나는 알지 못했다. 이 세상 그 다음의 길도 나는 모른다. 길은 있었는지, 길은 또 어디에 있을 것인지. 뜻 모른 채 살아갈 만큼, 나는 그토록 어리석단 말인가? 즐겁기도 했지! 행복하기도 했어! 그래. 슬프기도 했어! 분명히. 혼신 다해 이기려 무척 애쓰기도 했어! 분명 그랬지. 그럼 이 모두 다는 무엇 때문이었을까?

그 답 구해보려, 나는 조심스레 꿇어앉고 눈을 감는다. '살아가는 이유'를, '살아가야 하는 이유'를 묻고 또 물으며. 내가 살았던 거기와 내가 살기 시작한 여기가 완연히 다른 현재, 새롭게 맞은 오늘의 서식처에서 나는 지금의 나를 저울질해 본다. 저울추에 달랑달랑 매달린 삶의 무게를 더듬으며, 낮과 밤만큼 판이하게 다른 무수한 삶의 터전들 속으로 파고들어 그 차이를 견주어 본다.

어디로? 무엇 때문에? 왜? 낯선 얽힘에 섞여 무조건 달리기도 해본다. 무리에 밀리고 밀리면서 아침부터 저녁까지 마냥 달린다. 정지를 허락하지 않는 어떤 틀 속에 꽉 끼워진 채로, 허덕인다. 진땀 흘린다. 이유 모를 반항도 섞는다.

 삶의 해부실을 서성이며

S.F. Bay의 무리에 섞여 밀리고 밀리면서, 나는 새벽이면 삶의 해부를 시작한다. 낯선 자리에서 언덕 아래 세상을 샅샅이 뒤져본다. 얼키설키 뒤엉켜 덮인 껍질을 하나씩 벗기고, 그 속으로 파고든다. 희로애락을 조심스레 갈라놓고, 각각의 결을 손끝으로 더듬어본다. 그리고 마침내 남은 것, 가슴 깊숙이 스며들어 애간장을 녹이며 파고드는 '그리움'을 감당한다.

하루 또 하루, 살아가는 이유는 분명히 있겠지? 지금, 오늘 아니면 내일이면 보이겠지? 살아가는 이유 알아질까 헤아리며 해부실 흰 가운 걸친 삶의 실습생 되어, '나', 아니 '목숨' 혹은 '인간'이라는 존재로 삶을 깊숙이 칼질 시작한다. 상노인이 되고도 어째서 나는 아직 삶의 해부실에 머물러 있는가? 무엇을 찾아, 어쩌려고, 미련스레 아직도 서성이는가?

시간은 에누리 없이

한 해가 지고 하루 해가 또 지고 있는 게으른 날 저녁 무렵, 나는 생각에 깊이 파묻힌다. '나는 무엇인가, 나는 도대체 무엇인가?' 길고 긴 세월을 지나 지금까지 나로 살아왔어도, 나는 나를 진정 알지 못한다. 하루 해가 뜨고 또 날이 밝아 세상이 문 열어 시끌벅적한데, 오늘도 나는 내 갈 길 잃어버린다. 나는 뭘 해야지? 어디로 가야지? 더는 어디로 갈지 참말로 모르겠기에 우두커니 허공을 쳐다본다. 괜스레 방문 여닫으며 안과 밖 들락날락 헤맨다. 플래닝 북에 빼곡히 적어놓은 해야 할 일들을, 나는 그저 텅 빈 눈으로 바라본다. 중심을 잃은 듯, 가상의 자리를 뱅글뱅글 맴돌며 헛걸음만 거듭한다. 진짜, 진짜로 할 일 잃어버린 그런 날, 어디로, 무엇을, 어떻게, 이 말만 연신 되묻는다. 거기 누구 제발 나를 붙잡아 앉혀 주세요. 착착 시간에 발 맞춰 차분히 삶을 수놓아 가도록, 거기 누구 제발 날 도와 주세요. 시간이 에누리 없이 속속, 착착, 나를 지나쳐 흘러가 버려요.

제 2 장
다음 시간으로 돌진하다

전진과 정지의 새벽 하이웨이

다시 세상 무리 속에 슬쩍 섞인다. 밀쳐지고, 치이고, 깔리며 피 흘릴지도 모른다는 사실조차 잊어버린 채 또 발을 내딛는다. 세상으로 향한 커튼 조심스레 열고, 창 아래 펼쳐진 요동치는 무리 속에 또박또박 걸음 섞는다. 나의 내일은 다시 한 번 출렁이며 무리에 섞여 둥둥 떠내려가겠지? 비틀거리는 마음으로 하늘 우러러 용서와 감사를 섞어 빌며, 오늘도 그럭저럭 천지에 자신을 아뢰어 봐야지.

작은 생명 앞 아직 한 줄기 찬란한 햇살 남아 있어, 나는 오만상 찌푸린 채 먼 허공 바라본다. 내가 노력하는 한 좀 더 깨달은 내일은, 내게 평온 안겨 주지 않을까 미련스레 막연히 기다린다. 흔들리는 한복판에 한 줄기 살아 있는 기운 하나, 내 몸을 휑하게 한 바퀴 돌아나간다.

월요일 이른 새벽, 창가에서 고속도로 통근차들 바라본다. 삶이 만들어내는 투쟁, 전진과 정지가 꼬리에 꼬리 물며 반복되며 베이브리지 진입 전, 샌프란시스코 시내를 향해 밀려드는 차들의 줄이 끝도 없이 이어진다. 그 순간, 저 앞 푸른 경광등 요란스레 번쩍인다. 사고인가? 누가 다쳤는가? 누군가 귀한 생이 막을 내렸는가? 아침의 하이웨이는 우리의 삶을 도식처럼 펼쳐 보인다.

아주 옛적, 그때 나는 저 멀리 어딘가에 있었고, 어제는 거기에, 오늘은 여기에 서 있다. 그리고 오늘 다음엔 또다시 아주 먼 낯선 곳 어딘가에서 발을 멈추겠지. 모든 날 가운데 오늘이 가장 정확하고 중요한 날이다. 오늘이여, 간절하게 매달리는 나를 축복해 주소서!

언덕에서 보는 세월의 강

생명과 시간이 짝꿍되어 세월 강 흐른다. 나의 '세월의 강' 또렷이 내려다보이는 이 언덕배기에서, 콩이냐 팥이냐 따지듯 삶의 크고 작은 갈림길을 헤아린다. 창가에 서서 아래 세상 물끄러미 바라보며, 결국은 스스로의 길을 점쳐 본다. '세월아, 네월아' 축 늘어져 서성이는 날에, 삐뚤삐뚤 그어 놓은 자필처럼 창 하나 가득 담긴 구겨진 세상을 향해 나는 장황하게 말 붙인다. 그리고 내일이면 의문의 답 하나쯤은 알아지겠지 희망을 품고, 내일을 또 한 번 기다린다.

메모해 두었던 문장들이 문득 떠오른다. 어떤 철학자가 이렇게 말했다고 적어 두었었다.

세상은 본래 나쁘다고 말하는 이가 있다. 삶의 본질은 고통이며, 우리가 살아 있는 한 끊임없이 갈구한다. 욕망은 자라며, 갈구하지 않으면 존재할 수 없다. 무엇을 해야 할지 모를 때, 권태가 우리를 엄습한다. 결국 세계는 의지에 불과하고, 삶은 그저 존재할 뿐이라고.

엄벙덤벙 흘러오던 삶의 진짜 얼굴이, 이제 서서히 드러나는 이 고비에서 나는 중얼거린다. 아, 삶이란 바로 이것이었구나. '오늘', 지금, 이 순간이 가장 좋은 때라는 것.

오늘이라는 내일

새벽에 잠 깨어 같은 길 다시 꼭꼭 밟아 다지는, 아침 산책 시간이다. 천지는 여전히 나의 물음에 아무런 답을 들려주지 않지만, 나는 또 한 번 천지에 나를 온전히 맡기고 생명의 고리 잇는 하루를 시작한다. 침묵하는 천지와 천지 사이 길에 외로이 끼어, 발걸음마다 물음표 가득 남기고 삶의 흔적 만들었다 다시 지워본다.

시작에는 언제나 마지막이 있듯, 계절이 눈앞에서 시작과 마지막을 펼쳐 보이는 가을 끝자락, 서글픔이 절로 스민다. 나는 무심히 스르르 삶을 다시 불러들이고, '살아 있음'을 운운하며 걷는다. 천지가 '생명의 길'을 또렷이 펼쳐 보이는 한적한 가을 아침, 고목 가지 사이로 무거운 고독이 숨어들고, 참았던 눈물이 왈칵 쏟아진다. 한편으로 텅 빈 틈 사이로 조심스레 끼어드는 조무락 새 꿈들이 꼼지락거린다.

가을에는 무아의 눈길이 저 먼 산으로 향한다. 발꿈치 들어 먼 산 너머 내일을 훔쳐보며, 마지막 계단 위에서 그 내일을 작은 목소리로 불러

본다. 저 언덕 너머에서 새롭게 나를 다듬는 부스럭거림, 겨울 언덕 너머 인내로 나를 기다리는 자리로 나는 조심스레 '콜'을 보낸다. 아직 조금 남은 나의 내일을 기다리며. 그러나 윤동주 시인은 〈내일은 없다〉며 길을 가로 막는다.

내일내일 하기에
물었더니
밤을 자고 동틀 때
내일이라고.
새날을 찾던 나는
잠을 자고 돌보니
그때는 내일이 아니라
오늘이더라.
무리여! 동무여!
내일은 없나니…………

1934년 12월 24일

신이 맞추어 놓으신 내 시간 위로 매초의 발자국 소리가 고요히 지나간다. 아침 햇살 아래 서서, 나는 오늘도 점점 줄어드는 나의 키 높이를 재어 보고 또다시 재어 본다. 오늘이라는 내일을 향해, 다시 한 걸음 천천히, 그러나 분명히.

오늘의 두려움 위에 서기

만약 내가 혼자 광활한 텅 빈 세상에 왔다 갔다면 얼마나 무서울까, 생각만 해도 소름이 돋는다. 그래서 나는 생명들로 가득한 이 세상에 감사한다. 너에게, 또 다른 너에게, 모든 너희들에게 감사한다. 심지어 나를 미워하는 이들까지도, 눈 흘기며 덤벼오는 자들까지도, 그들 틈에 섞여 있는 내가 얼마나 고맙고 또 얼마나 감사한지.

그런데 나는 왜, 마치 죄 지은 사람처럼 자꾸 고개를 떨구는가? 왜 매 순간 사는 일 앞에서 겁을 내는가? 도대체 무엇이 그리 무서운가? 아무리 두려워도 그 끝이 죽음보다 더 하겠는가? 그러니 한 번만. 오늘 딱 하루만이라도 허리를 쭉 펴고 당당히 걸어보자. 안 될까? 딱 하루만이라도 참말로 안 될까?

왜 내 자리는 너희 자리보다 낮아야 하는가, 생각해 보니 내 스스로 내려와 앉은 자리다. 이제부터는 제발 그러지 말자. 내일 아침 떠오르는 태양을 보기 위해, 오늘 밤 마음은 부지런히 언덕을 오른다.

이만큼 여기까지, 멀리 와 길을 잃어 사막 한복판을 걷고, 끝없이 펼쳐진 흰 모래 위를 건너고, 적막한 호수 변두리와 칠흑 같은 밤길을 지날 때, 나는 아무것도 않고 그저 먼 곳을 오래 바라본다. 그리고 그 눈끝 닿는 곳에서 오늘도 깨닫는다. 답은 쉽게 잡히지 않는다는 것을. 그래도 나는 감사한 얼굴로, 당당한 걸음으로 고개를 든다.

마지막 잎새 흔들리는 자리

순간에 나를 만들어 갈 표정 송두리째 잃어버린 채, 두 팔 비비꼬며 쭈뼛쭈뼛 서 있는 나. 이토록 소중한 시간을 텅 빈 것으로 채워버리고 나는 울먹인다. 아름아름 모든 것이 꿈인 듯한 어느 날, 사방을 휘둘러 보아도 내 물음과 간청에 대답해 줄 이 아무도 없어 나는 끝내 울음 터뜨리며 주저앉는다.

여기서 이대로 멈춰 버릴 것인가. 내 앞의 세상은 지금도 가쁜 숨을 쉬며 흐르는데, 나만 모른 체 이곳에 남겨둘 것인가. 이제 나도 정처 없이 어디로든 흘러가야겠지. 사방을 둘러봐도 매끄럽고도 위태로운 길뿐인 날, 눈을 비벼가며 살펴도 붙들고 매달릴 그 무엇 하나 없는 날, 늦가을 마른 가지에 마지막 잎새 하나 떨어지지 않으려 기를 쓰고 달랑이는 것처럼, 만물이 자취를 숨기느라 부스럭부스럭 새어 나오는 소리만 가득하다.

이별의 계절에 나는 가느다란 생명줄에 가이없이 매달린다. 이제 어찌할까. 귀뚜라미 울음이 퍼지는 이 밤, 바람에 실려 하나 둘 떠나가는 것들 속에서 나는 무엇을 붙들 것인가.

산다는 것 곧 삶이란, '으앙' 울음을 터뜨리며 도착을 알린 아이가 어른이 되고, 어른은 스르르 검은 장막 뒤로 숨어 더는 보이지 않게 되는 일. 싱거울 만큼 간명한 놀이, 광대한 천지의 무대 위에 올려져 한 순간 찰칵 찍히는 연기의 한 장면을 위한 초 간단한 삶. 그래도 나는 몸부림친다. 마지막이 가장 아름다워지고 싶어서, 그 중에도 마음이 가장 아름다워지고 싶어서.

 새해 새 얼굴 앞에

알록달록 사색들이 넘실넘실 춤추는 저 언덕 아래 세상, 오늘도 그 한가운데 섞여 있는 내 혼을 불러 세워 나를 알아보느라 분주하다. 붓을 든 손목이 또박또박 글자를 세워 둘 수 있는 그 마지막 순간까지 아직은. 밤새 생명들이 지그재그로 그어 놓은 소망의 얽힘 속에서 내가 만들어 놓은 줄 하나를 찾느라 서둘러 깨어난 새벽, 어느새 마음씨 너그러워진 노인이 된 나를 본다.

아무리 "그만"이라고 손을 휘휘 내저어도 이 새벽은 나를 순순히 놓아 보내지 않고 여전히 나를 데리고 간다. 대관절 무슨 대단한 꿈이 아직 내게 남아 있단 말인가. 한 생명의 마감 앞, 멈춰 서서 그 마감의 모형을 다시 궁리하다가 슬픔에 휩싸여 오히려 더 바빠지는 나. 사방을 둘러치던 벽을 이제 와 허물어 들여다보는 가없는 공사. 아직도 삶의 가장 중대한 대목에 서서, 이유조차 모른 채 공연히 더 깊이 슬퍼진다.

이토록 늦은 날에 와서야 나는 '참 용서'를 배우며, 보이지 않는 것들과의 대화를 조금씩 연다. 막다른 길의 건너편에도 또 무엇이 있는지를 지금에야 어렴풋이 깨닫고, 그렇기에 어렴풋이 믿어 본다. 해 하나, 달 하나, 그 둘을 둘러 무수히 영롱하게 반짝이는 별들처럼, 내 주위에도 별 같은 생명들이 둘러서 있어 나는 외롭지 않고 행복하다. 더러는 그 속에 내가 담겨 있어 감사하다.

내 곁에서 별처럼 반짝이는 사랑하는 모든 이들, 무슨 일이 있어도 나는 그 손 꼭 붙들고 놓지 않으리. 이것은 오늘 내가 나에게 다짐하는 새로운 약속. 내 앞에 또다시 열리고 있는 2024년 새해 새 얼굴 앞에 굳게 맹세한다. 이렇게 다시 이어지는 줄을, 나는 마지막까지 품고 가리라. 그 줄 위에 '나'로 하여 우리 모두 서로의 기쁨이 되도록. 우리는 우리가 되어 우리로 남아 영원하도록. 매일 내 안으로 들어오는 날들을 정성껏 받아들이며, 만물에게 공손해야 한다는 것을 잊지 않으리.

제 3 장 기어코 엄마로 남을 거라고

엄마라는 이름 때문에

그냥 설레설레 정해진 선까지 가는 거야. 이 삶의 궁극의 목적은 다만 그것, 그것 뿐이야? 한 번 왔다 하면 누구나 분명 도달하고야 마는, 삶은 그런 것이야. 그런 걸 가지고 뭘 그리도 야단법석 겁을 내고 그래. 왜? 왜? 마음을 활활 풀고 소풍 가듯이 그냥 그렇게 가는 거야. 어떤 길로 가든지 닿게 되어 있는 걸 왜들 모두 호들갑이야? 그냥 발이 끄는 대로, 숨이 쉬어지는 대로 설렁설렁 가! 발 아래만 내려다보지 말고, 저 멀리, 아주 멀리 멀리 하늘과 먼 산 맞닿는 곳 바라보며.

'나' 울음 참느라 가슴을 꼬집는다. 눈물을 숨기느라 괜히 누가 뒤에서 날 찾는 듯 고개 돌린다. 이 악물고 숨 길게 들이킨다. "착하지."라며 스스로를 달래느라 진땀을 빼며, 딸들에게 엄마 우는 모습을 들키지 않으려 애쓴다. 절대로 약해질 수 없는 '엄마'라는 이름, 그 아래 숨겨진 질기고도 억척스러운 힘, 어스름 해질녘 석양 아래 꼼짝달싹 못하게 붙들려, 잎 다 떨군 앙상한 나무들 빽빽한 숲길에서 나는 속으로 울며 울음 감춘다. 엄마라는 이름 때문에.

'사람'이라는 존재를 이 세상에 떨궈 놓는 엄마라는 존재, 똑바로 서는 법 가르치느라 전심전력 기울였던 바로 그 존재. 그 딸들이 엄마가 되어 가면서 어느 날부터인가, 그 전 엄마는 나뭇가지에서 떨어지는 잎처럼 한 잎씩 뒷전으로 물러난다. 수시로 설움이 눈물로 뚝뚝 떨어지는 엄마라는 자리, 그 자리마저 희미해지고 절로 무심히 채워지며 '무(無)로 돌아가야 하는 시간'.

어찌 슬퍼지지 않겠는가! 싱겁게 무심히 왔다가는 존재의 이치 앞에서 슬퍼하지 않는다면, 그건 새빨간 거짓말.

엄마는 울 수 없다고

세월이 펼쳐 놓은 한 세상, 슬픔 이야기들이 눈발처럼 펄펄 날리는 그 속에 섞여 생명은 휘날려, 서서히 저 멀리 사라져 간다, 인생 이야기 한 꾸러미 역시 마지막 장을 넘기며 영원을 향해 희미해질 즈음, 그럼에도 어딘가에는 '천지를 다녀간 인생록'에 내 이름 하나 또렷이 적혀 영원히 남아 있을지도.

'눈물아, 이제 그만 멈추어라.' 눈물아 제발 뚝! '엄마는 울 수 없다'고 딸들 앞이라고 스스로를 일깨운다. 해변 기슭에 버려진 낚싯배 한 척이 바닷바람에 실려 슬픈 노래를 싣고, 기러기 손님 한 마리 싣고 떠날 줄 모르네.

언제부턴가 딸들이 예전에 내가 그들에게 하던 것처럼 엄마에게 충고를 한다. 세대가 바뀌어 밀려나는 느낌에 혼자 중얼거린다. "너무 오래 살았구나." 그러나 나만의 생각과 믿음은 여전히 남아 있다.

끊임없이 이어지는 생명의 힘을 바라보며, 나도 그처럼 살아가리라 다짐한다. 아침 해가 장엄히 떠오르고 저녁 노을이 붉게 물드는 순간마다 나는 아직 살아 있음을 뼛속 깊이 느낀다. 가슴은 울렁이며, 때로는 웃고 울고, 그러나 여전히 노인의 눈빛은 반짝인다. 살아 있어서 나는 진실로 기뻐한다.

던져 버릴 수 없는 타이틀

새벽이면 생활에 쫓기고 의무에 쫓겨 졸음 오는 눈 비비며 하이웨이 질주하는 통근차들의 긴 행렬. '삶'에 대해 무궁무진하게 솟아오르는 의문들에 답 찾으려 골몰하는 동안, 사방에서 어른거리는 희미한 답의 그림자들이 나를 골리기 시작하며 나의 하루는 열리곤 한다. 묻지도 않았는데 조르지도 않았는데, 무엇 때문인지 활동사진 스크린처럼 주르륵 내 앞에 삶을 펼쳐 보이는 창. "하나님이 우리를 만들어 놓으셨는지, 우리 마음에 하나님을 만들어 놓았는지." 큰 활자로 한 줄 질문을 띄운다. 생각해 보니, 나는 모르겠다. 이것 저것 모두 모르겠다면 나는 대체 무엇을 아는가? 글쎄? 난 모르겠다, 또 모르겠다.

울음보 곧 터질 것 같은데 안 된다고? 딸? 그들은 누군데? 뭔데? 왜? 엄마는 또 누군데? 뭔데? 왜? 왜 딸 앞에서 울 수 없다고 하는데? 울음보 곧 터질 것 같은데, 어쩌지? 돌아서 훌쩍이면 그것도 안 되겠지? 지금 와서 '엄마'라는 타이틀을 던져 버릴 수는 결코 없거늘.

 그 사랑 끝내 지켜낸 엄마

내 어느 한 시절에 사랑을 만나 엄마가 되고, 엄마란 이름 달고 삶의 마지막 여기까지 닿아 그 사랑 끝내 지켜낸 그 엄마. 엄마란 이름 속에 숨어 있는 거룩, 찬란히 빛나는 그 이름표 엄마! 울음아, 제발 이제는 뚝! 웃음아, 크게 더 크게 소리 내 피어나라! 뉴 에이지(New Age) 세대라는 젊은 이들은 토끼처럼 채소와 풀만 먹고 사는 듯 가뿐하고, 딸과 사위 'Whole Foods Market' 들락거리고, 노쇠한 나는 값 헐하고 익숙한 'Safeway'로 발길 돌린다.

집안 살림 하나부터 열까지 전자제품, 손 떨리는 노인은 손 익은 구식 도구들. 수두룩 서툰 것 많아 부끄럼 안고, 스을쩍 스을쩍, 꾸물꾸물 숨듯 삼시 세끼 냠냠 후딱 해치운다. 접시 씻기도, 청소도, 모조리 현대식으로 착착 정돈된 시대의 속도를 바라본다. 손가락 하나 까딱이면 쉽게 해결되는 시대. 청소도구 하나도 낯설고 겁나 만지지 못해 '어쩌지'만 되뇌인다.

같이 살자며 훌쩍 옮겨 와 놓고는, 한 발 또 한 발, 나는 점점 더 깊숙한 구석으로 자취를 감춘다. 저기서 무엇이라 말을 건네는 딸, 입술 움직임만 보았지 소리 놓치고, 요즘은 딸 얼굴에 내 얼굴 바싹 대야 비로소 알아듣고 뒤늦은 답한다. 자식 앞에 점점 바보 되어가는 엄마, 돌아서서 울음보를 터뜨린다.

 엄마가 아기 되는 시간

엄마? 엄마라면 더 많이 알아야 한다고 알았던 시절은 점점 멀리로 떠나가고, 엄마가 점점 아기로 되어가는 사실을 어쩌지? 대체 어쩌지? 우선은 한바탕 웃음으로 떼어 넘기지만, 앞으로는 어쩌지? 엄마는 숨어서 운다. 잘못한 것도 없는데 공연히 운다.

계속 혼자 산다면 편하겠지만, 제 자리 고수하는 바보 노인 된다. 자식 곁에서라면 조금은 시대 따라 적응하며 현대식 노인으로 남게 될지 모르지? 노인은 지금 너무 늦어버린 것들을 놓고 저울질해 본다. 어느 편이 더 나을까를. 그냥 그렇게.

살다가, 살다가, 너무 오래 살다 보니, 여기가 또 어딘지.

"Mom, 엄마 저녁 음식은 뭐예요?" "음, 난 배 안 고파. 밥하고 김치면 돼. 넌?"

옛적, 나 어렸을 때 시골 대가족 살림 살던 그때로 되돌아가 생각에 젖어본다. 할아버지, 할머니, 삼촌 가족, 고모 가족, 함께 내 것 네 것 없이 꼬투리 의문 하나 없이 의례껏 한 솥밥 맛있게 모여 앉아 먹던 때.

오늘을 살아가는 우리, 나는 저절로 어리벙벙해 하며 절로 숨어서 끼니를 떼어 간다. 이것이 뭐지.

새벽이면 아침잠 없는 엄마, 나는 혹 딸·사위 잠 깰세라 쥐새끼처럼 문을 가만가만 연다. 발소리도 가만가만. 예민한 딸이 잠 깰까 전기 불도 켜지 않고 더듬더듬, 살금살금. 수도 물 소리도 조심스레 살살, 마치 숨어든 도둑인 양. 자신에게 묻는다, 자문자답한다. 왜 이렇게 사느냐고, 자진해서 이 길을 택해 놓고서. 용감한 엄마는 그래도 이 길에서 이겨 나가리라 단단히 결심한다. 모든 것 바쳐서 마지막까지, 딸 위한 엄마가 되겠노라고. 엄마라면 그래야 한다고.

기어코 엄마로 남을 거라고

그래도 기어코 딸 앞에서 울음보를 터뜨렸던 엄마. 따져보면 사소한 일로. 넓은 거실 우드 플로어를 내 딴엔 장한 마음으로 청소했지만, 딸이 지워지지 않은 얼룩 한 곳을 지적하자 그만 너무 슬퍼져서.

하지만 다음 날 아침, "나이 들면 애기처럼 울보 된단다" 스스로를 다독이며 또 한 발 앞으로 나아가 보는, 변하는 시대의 어느 노인 엄마가 바로 나다.

그리고 또 결심한다. 나는 엄마다. 끝까지 엄마다. 내게 주어진 세월이 언제 끝날지 몰라도 그때까지는 기어코 엄마로 남을 거라고. 인자하게 웃는 모습을 거울 앞에서 한 번 더 연습한다. 쪼그라든 얼굴 주름 겹겹 사이에 다발 다발 웃음 담아본다. 어쩌면 딸은 엄마가 아니라서, 엄마를

잘 모르는지도 모를 거라며.

나는 어쩌면 그때에 머물고 싶은지도 모른다. 모두가 편하다고 말하는 오늘의 세월이지만, 나는 아니다. 핸들을 돌리지 않아도 자동차가 절로 데려다 주고, 모르면 기계에 묻기만 하면 바로바로 답을 내놓는 오늘의 첨단 시대. 어여쁜 화초들의 홀로 선 모습들, 그 이름을 몰라도 나는 좋다. 그냥 예쁘고 좋다. 사람의 피부색이 무엇이든, 그 사람이 좋으면 그만이다.

문이 제법 가까이에서 조용히 닫히는 소리. 바람인가. 그곳에 가만히 서 있는 사람, 분명 '나'인 것 같다. 꼭 나 같은데. 멀리서 들려오는 배 떠나가는 뱃고동 소리, 뚜—뚜—. 누군가의 말처럼, 살아가고 싶다는 절규 같기도 하고, 어쩌면 죽으려는 이의 마지막 울음 같기도 한 그 소리. 바람 빠지는 듯한 뱃고동, 슬프게 애간장을 끊는, 아니면 울고 있는 듯한 출항을 알리는 저 울음 같은 소리. 저 배는, 저 소리는, 도대체 어디로 가려는가.

엄마의 가을

이 세상 길게 살아온 엄마보다 훨씬 짧게 살아온 딸들, 어쩌다 그만 엄마보다 아는 것이 그렇게 많아져 버렸을까. 나, 엄마는 통 모르겠다. 너희들 무얼 말하는지 영 모르겠다. 언제, 어디서 그런 것들을 배웠니. 엄마는 너희 말이 영 통 모르겠다. 그러다 보니 기가 팍 죽어 버린 '엄마'라는 이름의 어느 노인 엄마가 되어, 잘못한 것도 없는데 자꾸 숨을 곳을 찾고 있는 나 자신을 발견한다. 제발 그러지 말자고 스스로 다독이면서도, 유유히 낙하하는 가랑잎의 차분한 모습을 바라보는 이 늦은 가을에 우웅 하고 이어지는 살아 있는 천지의 소리를 들으면 공연히 이유 모를 눈물이 흐른다. 나는 떠나가고 난 훗날에 딸들이 미움이 아니라 보고 싶어하는 엄마였으면 좋겠다.

삶이 물결처럼 철썩이는 이곳, 발아래 소리 없이 흐르는 세월의 간지럼 느끼며, 삶의 사면 전부를 보고 싶어 새벽이면 눈 뜨기 바쁘게 창문마다 활짝 연다. 풀지 못한 질문이 너무 많고, 이토록 오래 살고도 나는 삶의 꼬투리 하나의 뜻도 아직 터득하지 못했다. 무엇을 위해 꿈꾸어 온 삶이었는지, 무엇을 위해 오늘 또 하루가 내게 주어지는지 그 답을 찾으려 잠자리에서 몸 일으켜 다시 조심스레 한 날의 시간 이어 간다. 불쑥 커져 있는 신들이 "이제 알았느냐"고 호통치듯 묻는 듯하여, 나는 스스로를 요람처럼 흔들어 다독이며 잠 재우고, 다시 깨어 오늘을 산다.

딸의 손 꼭 잡고

나의 인내를 살피시려 특별히 허락하신, 마감을 향한 길 세세히 남겨보려 다시 무릎을 꿇는다. 슬픔의 조각들을 한 점 한 점 주워 백지 위에 꼭꼭 박아 놓으며, 대해를 위태로이 둥둥 떠가는 조각배 같은 내 삶을 가만히 바라본다.

직장을 잃고 지나치게 근심 속에 잠겨 있는 중년의 딸을 지켜보는 엄마는, 가진 것을 다 주고 싶다. 살갗까지 벗겨 다 주고 싶다. 그러나 줄

것이 없어 절로 서러운 날, 나의 언제나 '일등' 딸이요 유난히 걱정 많고 착한 딸에게 "괜찮다"라는 엄마의 말을 부디 믿어달라고 속삭인다. 누구를 닮았는지 늘 완전무결을 지키려 애쓰는 너, 그릇 하나도 뽀독뽀독 씻어 말끔히 가지런히 두는 그 모습 앞에 엄마는 두 손 번쩍 들어 항복하고 만다.

요즘 엄마는 너 앞에서 곧잘 할 말을 잃는다. 때로는 '대강대강 살아도 괜찮다'고, 그렇게 살다 보면 더 멀리 갈 힘을 얻게 된다고, 큰 것만 주섬주섬 줍고 나아가도 된다고 일러 주고 싶지만, 완고할 만큼 성실한 너의 결을 꺾고 싶지는 않다.

해는 어느덧 서산에 뉘엿뉘엿 기울고, 엄마는 "어서 가자"고 네 소매를 살며시 끌어당긴다. 너무 늦기 전에 좀 더 앞으로, 우리 함께 손을 꼭 잡고 전진해 보자고. 우린 지금도 웬만큼은 괜찮다고. 사랑이 살랑살랑 물결치는 저 평원을 향해, 언덕 너머를 향해. 노래가 시작되고 부드러운 바람 한 가닥이 이마의 땀을 말려 주는, 그곳을 향해. 딸아, 엄마 손 꼭 잡고, 그곳에 한번 닿아 보지 않겠니?

딸의 부엌에서 끓여낸 '인생죽'

딸과 살림을 합치고 보니, 모르는 것들이 너무 많아 놀란다. 혼자 동떨어져 살아온 세월 탓이다. 오늘은 금요일, 나의 저녁 당번시간이다. 아직 낯선 부엌에서 곰탕을 준비한다. 수많은 전자제품 중 어느 것을 써야 할지 몰라 헤매고, 처음 열어보는 와인 병은 도무지 열리지 않는다. 기어이 딸을 귀찮게 하니 미안한 마음이 든다. 무거운 아이언 냄비를 불에 올리며 네 개의 작은 받침대를 어찌해야 할지 몰라 그대로 두고 끓이는데, 사위가 들어와 깜짝 놀란다. 받침대 하나는 냄비에, 하나는 스토브에, 또 하나는 바닥에, 마지막 하나는 음식 속에 숨어 있었다. 그걸 찾아내며 터져 나오는 웃음, 요즘 나의 삶은 이런 코미디 연발이다.

부엌의 모든 것이 낯설고, 쓰레기통 사용조차 서툴다. 컴퓨터 앞에서는 딸의 가르침을 받으며 몸을 움츠리고 배우다 스스로 바보가 된 듯 웃는다. 네? 지금이 몇 시라고요? 오늘이 며칠이라고요? 여든여섯, 이 무렵 나는 점점 아이가 되어간다. 사위 앞에서 무지를 감추려 너털웃음으로 순간을 넘기며, 희극 반 슬픔 반 섞어 '인생죽'을 끓여내는 나날이다.

언덕 위 바람을 견디며

점차 멍청해져 가는 엄마를, 아직 세상의 중심에 서 있는 너희 딸들은 알지 못하리라. 나는 그저 희극 쇼처럼 웃어 넘기지만, 차츰 변두리로 밀려나는 나를 어찌할 줄 몰라 한다. 조용히 숨을 고르며 순서를 기다리는데, 불현듯 바람이 세차게 내게로 불어온다. 나는 발밑의 땅을 톡톡 발길질하며, 얼마나 더 오래 여기 서 있을 수 있을지, 이번 가을과 겨울을 무사히 견뎌낼 수 있을지 탐색한다.

연약해 보이는 꽃들보다 더 연약한 것이 우리의 생명일지도 모른다. 몇 백 년을 푸르청청 서 있는 나무들을 경의롭게 바라보며, 삶에 매달려 끙끙대다 보면 어느덧 삶의 끝머리에 와 있음을 자주 발견한다. 마구 털어 던질 수도 없는 삶, 기어이 붙들고 견뎌야 하는 삶을.

S.F. Bay 언덕에는 늘 거센 바람이 분다. 조금 더 높은 자리를 지키려면 그 언덕의 바람을 견디듯 고초를 감내해야 함을 나는 언덕 위의 어느 아침에 배웠다. 마음을 가다듬으며 얻은 나의 귀한 교훈이다.

잠에서 깬 순간부터 잠들기까지 나는 나를 알고 싶어 견딜 수 없다. 저녁 노을 앞에 홀로 선 사람처럼, 바다 위 작은 섬 같은 외로움을 새삼 느낀다. 조각조각 새벽을 긁어 모아 엮어놓은 나의 인생 조감도. 파도처럼 스쳐 간 사람들, 그 파도 속 어깨춤과 애무의 몸짓, 부딪혀 깨어지지 않는 어루만짐으로 나는 그것을 껴안는다.

긴 삶의 끝에서 나를 해체시키는 것은 결국 눈물이었다. 모든 인연의 줄을 아프게 끊으며 떠나보내야 하는, 그 누구도 예외 없는 엄한 명령은 아직 생명이 붙어 있는 동안은 멈추지 않는다.

제 4 장
살아간다는 건 모두 꿈인가?

마지막을 장식하는 연습

아직은 열린 길이 눈앞에서 아른거리며 이어지고, 나는 조금은 더 나아갈 것을 믿고 또 알고 있다. 지금은 조금 더 현명하게 떠진 눈으로 알아차린 발걸음이 나를 앞으로 인도해 주리라 믿어 보며, 허리 쭉 펴 키 높여 한 발 한 발 또 앞으로 나아가 본다. 발길 닿는 곳마다 현명함이 실리도록 온 신경 모아 가며, 아직도 또 내일(tomorrow) 그 하루를 위하여.

88년 넘도록 또박또박 세어 가며 내일을 다듬어 온 뒤, 또 그 다음, 그 내일, 그 후를 생각하며 아직도 조금 남은 내일의 꿈에 젖어 본다. 까마득히 길게 이어 온 그 '내일'들 다음, 그리고도 아직 남아 내 앞에 줄 서 기다리는 내일에 무늬 놓을 꿈으로 또 한 번 더, 다시 꿈틀거려 본다.

그 내일에 실어 갈 꿈, 불투명하여도 더 보이지 않아도 가슴 뛰게 하는 소중한 숨결, 아직은 좀 더 이어질 것이라 믿으며 훗날에 마지막 나눌 인사말을 준비한다. 마지막을 아름답게 장식하는 연습에 몰두한다.

귀중한 내 삶의 순간, 자꾸 흩어지려는 생각을 가다듬어가며 마지막 나의 작별 인사를 위해 나는 지금 깨어 있다. 졸망졸망 짐 싸 놓고 기다리며, 아무짝에도 더는 소용없을 그 짐을 풀어 보니 그저 쏟아져 버릴 눈물뿐이더라. 그래 놓고 "울지 마라" 달래 보기, 그 몹쓸 눈물일랑 이제 그만 뚝, 소매자락 눈물 얼룩일랑 더는 그려 놓지 말 것, 그 무용지물의 눈물일랑 이젠 그만 뚝.

외로움의 극치, 갈 길 잃은 방황, 인생 종말에 가까워지면서 존재의 위치 점점 불확실해 넘어지려는 찰나, 손에 잡히는 무엇이든 잡아 본다. 그 누구도 가르쳐 주지 않는 이 삶에서 넘어지지 않으려 허우적댄다. 여기 저기 사방에서 파란불 꺼지고 빨간불로 바뀌는 길 한복판, 갈 길 몰라 서서히 멈춰버린 항복 아닌 듯 항복 닮은 아주 작은 쪼무랑 항복으로

난 아직 살아 있다

무거운 삶의 짐에 허리가 휘청거리는 출퇴근 행렬. 의무와 사랑, 헌신이 뒤섞인 그 전형 앞에서 꼬리에 꼬리를 무는 질문이 일어난다. 혼자 사는 일만으로도 벅찬데, '무엇을 위하여' 이렇게 살아야 하는가.

요즘 나는 세상과 인간, 그리고 천지의 이치를 한데 아우르려는 서툰 철학에 빠져 있다. 창 아래 세상을 내려다보며 홀로 여는 철학 공부, 간판도 없는 사상계의 일원이 된 듯 나는 스스로에게 묻고 또 묻는다. 마

치 내게 '사상연구소'라는 새 직분이 주어진 사람처럼.

새벽, 눈뜨기 바쁘게 허리를 굽혀 창가로 다가간다. 얼굴을 유리창에 바짝 대고 반짝이는 불빛들 사이를 파고든다. 무엇을 찾는지도 모른 채, 그러나 애타게 무언가를 찾는다. 과연 진정한 '답' 하나를 찾아낼 수 있을까. 삶을 살아내는 이유, 곧 눈앞에 드러날 듯하면서도 잡히지 않는 그 한 마디. 잠시도 멈추지 않고 흐르는 고속도로, 그 끝없는 행렬 속에 나는 문득 알아차린다. 그래, 나는 살아 있다. 그리고 멈추지 않는 나의 꿈, 그 꿈을 따라 치솟는 욕심과, 끝없이 나를 데려가는 무수한 소망들. 아, 나는 아직도 살아 있다. 용케도.

이것이 축복이라면, 진실로 그런가 하고 스스로에게 되물으며 나는 오늘도 겁나는 전진을 한다. 천천히, 아주 천천히 내 손을 스스로 잡아끌어 한 걸음, 또 한 걸음 앞으로 나아간다. 새날의 창을 덮은 어둠을 걷어내고 랄라라, 작은 노래 부른다. 종달새 랄라라 노래하고, 앵무새 파닥파닥 날개짓 하는 그 아름다운 동산을 향해.

오늘에 올라타고

주섬주섬 또 한 번 옷을 갈아입는다. 오늘 하루에 적합한 차림으로 한 번 더. 먼데서 나를 부르는 저 소리, 그 소리 따라 여긴가 저긴가 더듬더듬 부르는 곳 따라 간다.

단풍잎마저 하나 둘 자취 감춘 싸늘한 길 따라, 뇌리에 애수 가득 찬란히 수놓아 가며. 가다 가다 상상의 꽃동산에 내 마음 내려놓고 함께 어울려 춤추어보는 나 홀로의 하루. 하염없이 뻗은 희미한 기다림을 따라.

언덕배기 아래, 무수히 반짝이는 눈빛들. 알록달록 피어난 생각들이 몽우리로 머물며, 저마다의 초조함 속에 무언가를 기다린다. 사람들은 제 길을 향해 서둘며, 뒤로 남겨진 자취만이 햇살에 흔들린다.

그 사이, 나도 문득 멈춰 선다. 더 높은 곳에서 나를 지켜보는 거룩한 눈빛 하나, 그 따스한 시선이 내 두 어깨죽지를 간지럽히는 듯 느껴지면 나는 가만히, 두 손을 모은다.

누구에게로부터 내 이름 불리고픈 한적한 날, 사라져 가는 구름처럼 자취 서서히 숨겨지고 있는 내 이름 위에 가만히 작은 등불 하나 켜 놓는다. 한적한 어느 시골 주막집에 깜빡깜빡 외로이 졸고 있는 불빛처럼, 간들간들 애처로운 불빛이 된다. 처량한 귀뚜라미 울음소리 섞인 이 가을에.

마지막 계절과의 이별을 고하는 여기 어디쯤, 새벽 4시 하이웨이 위에, 또 경찰의 파란불 요란히 번쩍여 통근차 줄은 올스톱이다. 우리들 인생에서도 번번히 경험하는 '막힌 길'. 생명들은 또 용감하게 어찌어찌 그 막힌 길을 뚫고 나아가리라. 저 아래에서 이어지는 진행의 질긴 모습이 바로 내가 살아가는 길이라며 내게 펼쳐 보인다.

나만의 노력 만의 힘만으로는 성취하기 든 이 인생길, 다시 한 수 배워본다. 내일이면 늦으리, 내일이면 너무 늦으리. 한 번 더 오늘에 올라타고 시간에 채찍질한다.

 나를 기억하는 그 누구 있다면

새벽엔 인간은 조금씩 더 현명해지는가? 정말 그런가? 나는 매초 살아 있기 위해 나에게 매질한다. 어디로 가려는데? 무엇이 되려는데? 한사코 싫다는데도, 못 하겠다는데도, '아니'라는데도.

아니, 이제 보니 오히려 더 바보로 돌아가잖아. 이게 뭐야, 애초에 잘못 플랜해 놓았잖아. 정신 없이 살다가, 정신 없이 걷다가 문득 발길 멈춰 거울에 비춰 보니, 나는 너무 다르게 변해 있다. 나도 모르게 노인이 되어 버렸지 뭐야. 나는 묻는다. 너, 누구야? 싫어, 싫어. 어쩌자고 나는 서서히 나를 외면하지? 그래도 찰싹 붙어 떨어지지 않는 '나'라는 '나'! 어쩌려고, 어쩔 건데.

삶이라는 천근만근 무거운 짐을 양 어깨에 이고, 파란 신호 빨간 신호 따라 언덕길을 끙끙 오르는 인간들. 그래도 이 세상 어딘가에서 지금 나를 기억해 내 생각해 주는 그 누구 있으면 참 좋겠네. 나를 위해 시간을 내어 주는 그 누구 하나 있다면, 나로 그의 시간을 채우는 누구 하나 있다면 참 좋겠네. 너를 위해서건 나를 위해서건, 그저 그랬으면 참 좋겠네. 그런 누구 있다면, 만나고 싶네.

달빛 아래 손잡고

누군가를 만나고 싶다. 내 이야기를 나눌 사람, 손을 맞잡고 싶어 하는 그 누군가가 있다면 행복하겠다. 옛적이든 지금이든, 아니면 훗날이든 그런 이가 한 사람이라도 있으면 참 좋겠다, 행복하겠다. 우리생각을 쫑쫑 이어 행복 보자기에 싸 놓고, 웃음으로 가득 채워 터질 듯 행복하고 싶다. 너와 나, 우리 모두 손에 손잡고 달빛 아래 강강술래 했으면 좋겠다.

지금 이 순간 세상 어디에서 있든 내 가슴 속 소중한 벗들, 여태껏 나를 조금씩 좋게 다듬어 준 벗들아 모두 고맙다. 사방에서 끊길 듯 이어주는 사랑의 끈, 그 벗들. 그리고 누구의 귀한 시간 속에 잠시라도 나를 담아 주는 이가 있다면, 참 고맙겠다.

세상은 보이지 않게 얽힌 그리움들로 현실을 만들어 가면서도, 추억들을 말끔히 덮고 속력을 내어 내일과 미래로 달려가기에 바쁘다. 광활한 천지에 나 혼자 왔다 가야 한다면, 나는 너무 무섭다. 어깨를 나란히 맞대고 발을 맞추어 함께 걷는다면, 어쩌면 무섭지 않겠지. 깔깔 웃음을 발아래 깔며, 삶의 시작에서 마지막까지. 한번 시작했다면 끝까지, 쭉, 내게 '기권'이란 절대 안 될 말, 기권은 금물이다.

오늘은 언덕 저 아래, 하늘과 땅이 손잡는 저기까지가 모두 '내 세상'이다. 생명으로 오글대는 그곳, 내 시야가 닿는 곳까지 나는 오늘 파고들어 천지를 캐보려 한다. 이 순간 저 아래 세상이 전부 내 것인 듯 느껴지는 그런 날에.

가라앉은 외침

점 찍어 둔 그 지점 어쩌다 더 멀리 비켜 물러가고, 남은 길은 점점 더 강퍅해지는 이 언덕길. 저 언덕 아래 마을 불 밝혀진 창마다 나는 무엇 때문인지, 애정 담뿍 실어 노크하듯 오늘도 그들 안부를 연신 묻는다. 세상도 아직은 내게 곧잘 "누구세요?"라고 묻지. 그래도 긴 세월 함께해 온 시간들이 어째서 마냥 낯설게만 보이는지, 나는 그만 내 이름조차 잊혀질 것만 같은 낯설음 속에 서 있다. 어쩌다 이 세상에 태어나 긴긴 세월 지나온 지금에도.

어느 한 시절, 기다림에 푹 빠져 목을 길게 빼고 아련히 기다리던 때가 있었다. 그러나 그것도 이미 멀리 지나가 버린 일, 아무리 눈을 씻고 찾아도 칸칸이 텅 빈 서랍처럼 채울 것이 보이지 않으니, 오, 참으로 허사로구나. 따스한 빛살 아래, 나는 가만히 쪼그리고 앉아 눈을 감는다. 더는 늘어놓을 이야기도 없는, 그 어떤 빈자리들을 다시 한 번 들여다 본다.

나의 이 한 삶이 한 세월 훨씬 지나고 보니, 이제는 세상이 나를 필요치 않는 듯 느껴지기도 한다. 돈 받고 하던 것들이 이젠 돈을 주고 하게 되는 것들. '생각이 가는 길'은 어둡고 캄캄하고, 어이하여 이제는 한 치 앞도 보이지 않는가. 여기서부터 나는 어디로 가야 하지, 나더러 한 자리에 가만히 앉아 두 손 놓고 마지막을 기다리라는가. 곧 'All Stop'의 종이 울리려는가.

나는 숨을 곳을 찾아 내 주위를 빙 둘러 벽을 세우고, 이제 무(無)로 돌아갈 준비하듯 점점 더 서쪽, 더 어둡고 캄캄한 곳을 향해 서서히 자세를 바꿔 간다. 그런데도 나의 코미디 같은 삶은 여전히 이어지고, 내 안 어딘가 꼭꼭 다져 가라앉아 있던 외침이 다시 발동을 시작하는 소리가 아련하게 이 새벽을 파고들어 나를 흔들어 깨운다. 나는 마지못해 그러나 분명히, 코미디 비슷한 연약한 시작으로 나를 숨겨 감추고 너털웃음으로 덮어 씌운다. 그럭저럭 이 하루를 새롭게 다시 세워 일으켜 놓는다.

살아간다는 건 모두 꿈인가?

이것과 저것, 하나와 하나가 합쳐져 비로소 '우리'가 되어 '우리'로 남는 이 길에 나는 다시 천천히 줄을 맞춰 선다. 종일토록 멈추지 않을 나의 노래를 찾아 가슴 깊이에 꼭꼭 심어 싹 틔우며, 이렇게 소중한 나의 또 하루를 산다. 하루와 하루를 잇는 이음 위에 모차르트와 베토벤과 바흐를 모두 불러 들여 천지 안에 나를 풀어놓고, 그 거대한 하나 속에 아직 남아 있는 나를 채워 풀어 본다.

마음은 여기 있지만 눈빛은 저 멀리, 아주 멀리 보내는 거대한 탐험을 시작한다. 어쩌자고 겁도 없이 어딜 가고 싶은지도 모른 채, "말해 봐, 너무 늦기 전에 어디를 그토록 가고 싶은데 거기가 도대체 어딘데" 스스로 다그치며, 내 마음이 털레털레 이 길을 간다.

내 마음의 길은 가까운 듯 멀고, '그때와 지금' '시작과 마지막'은 한 생명을 가리키는 대명사처럼 서 있다. 삶이란 매 순간 맞이하고 또 떠나보내는 연속, 이 모든 것이 대관절 무엇을 위한 것이었는지.

젓줄, 핏줄, 물줄, 아니면 개미떼의 긴 행렬처럼 위태롭게 이어지는 줄들, 고군분투와 몸부림, 바둥거림으로 엮인 수많은 몸살의 줄기들. 그렇다면 '한 삶의 끝'은 대체 무엇이기에 우리 모두 떼를 지어 같은 방향으로 끌려가듯 달리는가? 거기에는 무엇이 숨겨져 어떤 색채로 우리를 기다리는가? 자석처럼 끌리는 힘에 정신 없이 매달려 나도 그 줄을 따라 부지런히 달려 왔으나, 어디로 가는지 모르는 헛똑똑 아니었던가?

그래도 열정과 희생과 눈물로 전부를 바쳐 왔으니 멈출 수는 없다. 돌아보면 우리 모두가 바보였던가 싶어도, 나는 오늘도 줄 위 이어지는 꿈 위에서 다시 한 걸음을 내딛는다.

강가에서 지우는 그림자

오늘은 홀로 강가에 앉아 유유히 흐르는 물을 바라본다. 허허한 빈 마음, 마치 내가 숨도 쉬지 않고, 살지도 않는 사람인 듯 그렇게 앉아 본다. 여지껏 내가 만들어 놓았던 것들을 하나씩 강물에 던져 버리며 지워도 본다.

그러나 쉽사리 지워지지 않는, 내가 살며 빚어 놓았던 것들의 그림자들만 자욱하다. 그것들, 모두 무엇이던가? 그 모두가 꿈이었단 말인가? 그토록 궁금하면 한 번 불길에 던져 태워 보라. 만약 재로 남는 것이 있다면, 꿈은 아니었을 테니.

나의 침실 창마다 꼼지락꼼지락 움직이는 그림들을 바라본다. 넘실거리는 희로애락 물결 그림들. 모두 신이 그려 펼쳐 놓은 대장경 그림들 같은데, 그 제목은 '인간만상'일까. 비에 젖고 추위에 떨며 나의 창에 매달려 살아 있는 듯한, 하물며 웃음과 울음과 울부짖기도 하는 내 창에 걸린 저 그림들! 비 내리는 날이면 눈물을 뚝뚝 흘리듯 울고, 따스한 햇살 아래서는 방긋 웃음을 짓고, 바람 부는 날이면 울부짖듯 통곡하며 흔들린다.

신이시여, 들려 주십시오. 보여 주십시오. 천지의 그 진정하고 솔직한 한 뜻을. 그 답을 더 기다릴 내일은, 아시다시피 이제 제게 얼마 남지 않았습니다. 나의 남은 삶을 빈틈없이 재어 가는 저 시계추의 찰칵 소리. 신께서 맞추어 놓으신, 내게 부여된 시간 위를 찰칵대며 매초 밟아 지나는 저 소리. 아침이면 나는 햇살 아래 점차 줄어드는 나의 키 높이를 재고 또다시 재어본다.

마감선에서 줄 서 기다리며

잔잔히 흐르는 강물 앞에서 나는 삶의 각 맞추듯 고개 숙이고 땀에 흠뻑 젖는다. 남은 시간의 끝을 골몰히 더듬어 본다. 겉으론 아무것도 하지 않는 듯 앉아 있으나, 보이지 않는 많은 것들 속에 푹 잠겨 있는 나. 내게 주어진 시간의 끝은 과연 어디쯤일까, 그 생각에 깊숙이 머문다.

첩첩 산중의 어느 골짜기, 어둠이 헝클린 통로를 지나 마음은 성급히 몸을 앞질러 멀리 달려간다. 육신과 영혼의 이별이 점차 가까워 오는 그 순간, '나'라는 이름 아래 하나로 함께 살아온 평생 뒤에, 이제 너와 나의 찢어지는 헤어짐 앞에서 나는 속삭이듯 묻는다.

"우리는 무엇을 위해 이토록 알뜰살뜰 살았나?" 누구에게나 공평한 '무(無)'를 향하는 길, 적어도 이것만은 공평하다 하지 않는가.

손가락에 침 찍어 육신에 새겨진 나이테 지워보려는 날, 나와 함께 길 가던 벗들이여 이 고비를 어떻게 견디는가? 그런데 왜 모두 말이 없는가? 서툰 마감선에서 조용히 줄 서 기다리는 우리, 벌써 항복했는가? 마지막 눈을 감았는가? 이미 떠났는가?

가끔 씨익 싱겁게 웃어 마음을 달래며, 나는 서서히 '무'로 돌아가는 길을 걷는다. 아무것도 아닌 것이 될 수 있다는 그 놀라운 사실을 믿으라니, 마음은 제멋대로 달리기를 시작하니 잠조차 아까워진다. 내 안에 가득 찼던 욕심들을, 나는 과연 비울 수 있을까.

철길 가지런히 놓인 길을 나는 오늘도 달린다. 이미 시작된 여정은 마음대로 선로를 벗어날 수 없으니, 아직은 속도를 내 달려본다. 내가 원치 않더라도 결국 머지않아 어디선가 멈추겠지. 여느 때와 다를 바 없는 아침이 도착했건만, 창밖 하늘은 검은 구름으로 가득 뒤덮여 오고 있다.

〈승리〉

파아란 하늘에 수를 놓았다.
'아름답다'고
점점 먹구름이 몰려와
온 하늘 덮어도
내겐 여전히 파란 하늘

밤 열 시, 열두 시.
시계가 온 밤을 돌아
세상은 캄캄해도

내 마음엔 여전히 파란 하늘
비단 글 쓰인 천지는
미소 짓는데 풍덩,
소리 스쳐 지나더니

다시 찰각, 돌림질 속에
빈틈없이 맞물리는
인간의 환희

그대로 하늘은
파- 아- 랬다.

제 2 부

천지는 끝내 제 자리에

제 1 장
순간마다 도장 찍듯

 햇님께 부치는 간절한 기도

나는 내 자신이 조금씩 무서워지고 있다. 그래서 나를 위해 내가 나를 놓치지 않게, 내가 나를 떠나지 않게 붙들어달라고 햇님을 향해 간곡히 빈다. 시시각각 '나'가 아닌 것처럼 변모해 가는 나의 모습, 어디에 숨겨 둘까. 헛간일까, 곡간일까.

생명의 가느다란 끈을 또박또박 이어 가며 살아있다는 사실만으로도 감사하고 소중한 날, 그래서 문득 나를 담아 온 이 천지 안을 가만히 훔쳐본다. 해변 변두리에 철석이며 밀려와 쌓이는 허무 같은 흰 거품들, 그 앞에서 무지한 생명은 공연히 황송하여 이유 모를 용서를 빈다. 파도는 어떻게 살아야 하는지 단 한마디의 가르침도 남기지 않은 채, 스르르 물러간다. 그리고 이유를 알 수 없는 슬픔이 밀려드는 오후, 내 곁에는 그저 쓸모없는 눈물 한 줌만이 남는다.

한 해의 마지막 날이 다가오면 나는 또 울을 수밖에 없다. 다리가 쑤

시도록 먼 길을 걸어 여기까지 왔노라고, 고개를 끄덕이며 작디작은 장한 일들을 찾아 인정해 본다. 또 한 번 한 해 세월과 작별 인사를 나누는 순간, 세월을 타고 나 어디까지 더 실려 갈까. 무수했던 꿈의 가지들 하나 둘 쳐내고, 홀쭉해진 한 그루 나무처럼 서서.

하늘과 땅 사이 그 틈에 낀 나, 삶에 섞여 떨면서도 무엇을 이토록 간절히 기다리는가. 작은 꽃 한 송이 피웠다가 이미 져버렸는데도 나는 왜 아직도 또 무엇을 기다리는가. 쪼막쪼막 남겨 보는 염원의 말들마저 바람에 휘말려 사방으로 흩어지고 자취 없이 사라져 가는데, 그럼에도 불구하고 오늘의 나를 놓치지 않기 위해, 나는 다시 한 번 햇님께 조용히 속삭인다. "부디, 내가 나를 떠나지 않게 하소서."

천지는 끝내 제 자리에

모든 있음이 없음으로 변해 가는 이 끌림 안에 이끌려 섞이며, 천지는 끝내 제 자리 그 '공(空)'으로 되돌아와 홀로 남는다는 것을 안다. 이제 우리들의 그 무상의 연극 웃음도 울음도 거두고, 언젠가 우리는 여기를 떠나야 한다. 궁극에는 우리 모두 똑같은 등급으로 돌아간다. 언제고 어느 한 순간, 어떤 종점에 이르면 생명의 끝자락 어딘가 그 지점에서, 우리 모두가 같아지고 만다. 새해라고 야단법석들이지만, 그래서 나는 물을 수밖에 없다. 그래, 그게 모두 무엇인데?

한번 더 가보자

황황히, 용케도 여기까지 와서 별수 없이 발길 늦춰 본다. 이 먼 길 끝, 2023년의 마지막 지점까지 오리라곤 미처 몰랐다. 다리 아프게 쫑쫑 걸어온 만큼, 달력 앞에서 황송히 세월과 작별 인사를 나누며, 작디작은 장함을 스스로 인정해 본다. 그래도 나는 중얼중얼 "나, 어디까지 더 데려갈 셈인지" 되풀이하여 묻는다.

어쩌다 모든 것이 점점 더 깊어지는 듯한 이 즈음, 강풍이 세월을 휩쓸어 저 멀리로 내달리는 바로 지금, 2024라는 이름표를 단 새 얼굴이 붉기도 하고 때로 하얗게 핼쑥하기도 한 몸짓으로 가까이 다가와 뜻 모를 인사를 건네온다. 얼떨떨한 나는 그 어린 손을 덥석 잡아 "잘해 보자"며 나를 그에게 간곡히 부탁한다.

도시 위로 터지는 불꽃들, 빈 공간에 우리의 살아 있는 모양을 활짝 펼쳐 보이는 듯, 그 사이 약하게 반짝이는 나를 찾아본다. 사방으로 솟았다가 사방팔방 흩어져 홀연히 사라지는 작은 불티들 속에서 우리가 어떤 생명인지 알아차린다.

낙화처럼 흩어지는 꿈의 조각들, 덜 이룬 빛의 파편들이 펄펄 날릴 때, 나는 한 구석에 쪼그리고 앉아 공손히 고개 숙이고 다시 무엇을 기다린다. 결코 닿지 못할 꿈인 줄 알면서도, 꿈이 그저 잠시 다녀가는 손님임을 인정하면서도, 나는 또 한 번 세월의 손을 잡는다. "어디서 끝날지 몰라도, 한 번 더 가 보자." 여기까지 올 줄은 몰랐으니, 잠시 멈춰 스스로를 추슬러 세우고, 다시 한 걸음 더.

집이라 부를 곳 없이

진짜 내 집 같던 내 집이 사라진 후, 나는 묻는다. 내가 푹 쉬어 누울 곳은 어디인가. 여기인가, 저기인가. 아무리 둘러봐도 '나의 곳'이라 부를 자리가 더는 없다는 사실에, 서늘한 서글픔이 어깨에 내려앉는다. 언젠가 남은 날의 어느 때에는, 내 이름이 이미 비석 위에 새겨진 그 영원의 자리로 가야 한다는, 너무도 분명한 사실 앞에서.

아무리 이곳이 내 집이라 우겨도 내 집이 아님을, 나는 요즘 서서히 배운다. 슬픔이 잦아지는 사이, 다음 순간을 점쳐 보며 달력을 넘긴다. 2024년의 둘째 날, 휘청휘청 떨리는 발을 조심스레 앞으로 디딘다. 조금은 더 갈 수 있겠지. 낯설고 어둑한 골목을 몇 발짝 더 헤치고 나아가는, 2024년의 좁은 인생 골목.

마음을 어렴풋이 끄집어내 오늘의 나를 세세히 다시 만나 본다. 여울져 스쳐 가는 그리운 얼굴들, 이제는 삼삼해진 이름들을 오래 저장해 둔 파일에서 꺼내어 말을 걸어 보지만, 모두가 조용히 고개를 돌릴 뿐. 텅 빈 공간 속으로 발길 들이며, 2024를 향한 또 한 번의 불확실한 시작을 받아 든다.

소중했던 사람들, 모두 어디 숨었는가. 빈 거리에서 저절로 휘청거리는 발걸음만 메아리친다. 뒷그림자를 따라가 보아도 다시는 만나지 못하는 오후, 시작이 있으면 끝도 있다는 간명한 이치를 새겨 넣으며 시작과 마지막이 맞물려 다가오는 나이의 항구다. 2024의 입항 앞에서 나는 스스로에게 호령한다. "차렷! 앞으로 갓!"

오늘 내가 선 이 자리는, 어쩌면 '신'이 나의 인내를 시험하시려 내리신 자리, 이제부터는 오직 마감을 향해 나아갈 길을 세세히 그려 놓자. 마감과 투쟁이 맞닿아 불꽃처럼 치솟을 그 한 고비, 나는 다시 떨리는 발로 앞으로 나선다. 눈물겹고도 슬픈 그 현장을 먼저 마음속에 그려 넣으며, 묵묵히 다가올 순간을 맞이한다.

스톱 사인이 세울 때까지

통근차들이 서로의 꼬리를 물고 분주히 흐른다. 나는 그 삶의 형상들을 아래로 길게 내려다보는 일을 즐긴다. 목숨줄을 잇듯 가는 실을 걸어 고운 천을 짜 보듯, 또 한 번의 새벽 앞에서 나는 등을 펴고 차렷 자세로 선다. 광활한 천지의 작디작은 구석에 심겨 보일락 말락 흔들리는 미약한 생명, 그것이 '나'다. 이 끝없는 광야에 나 혼자라고 상상만 해도 아찔한데, 나는 누구든 곁에 서 달라고 손짓하고 눈짓하며, 가냘픈 목소리로 조심스레 불러 보고 싶다.

나이테가 겹겹이 몸을 휘감아 무거워진 몸으로, 아직은 헐떡이며 언덕길을 오른다. 무수한 생명들 가운데 그저 하나일 뿐인 '나', 왜 지금껏 내가 특별하다고 믿었는지 스스로 묻는다. 바보, 나는 참 바보였구나. 그냥 무리에 밀리는 대로 흘러가면 될 일을.

"가만히 있어." 스스로 타이르며 눈을 감고, 숨 쉬어지는 대로 숨 쉬어 본다. 그런데 그건 안 된다는 듯, 누군가 속삭인다. 마지막 순간까지 땀 흘려 일해야 한다고, 세상이 시키는 대로 따라야 한다고.

정말로, 나는 이대로 가만히 있어서는 안 되는가. 무리에 섞이려면 두 손을 다시 핸들에 얹고, 아직은 그 핸들을 돌려야 한다고? 도대체 어디까지? 언제까지? 내 앞에 스톱 사인이 나를 멈춰 세울 그때까지?

내일을 껴안고

무수히 반짝이는 아래 마을 불빛이 어느 한 순간 '처량'한 얼굴로 다가오면, 나는 한 발 더 다가서 그 안으로 몸을 비집고 들어가 마음을 깊이 빠뜨린다. 차갑기도 따뜻하기도 한 정이 반갑게 손을 내밀던 내가, 이 세상에 살던 어느 때처럼. 하늘의 노을빛이 서로 어울려 구슬픈 노래를 부르고 바다가 묵묵히 일렁이면, 하루는 아무 일 없었다는 듯 스르르 눈을 감는다. '용서'의 표정으로.

나는 그 장면을 '세월'이라 부르며 가만히 손 흔들어 인사한다. 잘 가라, 그리고 잘하면 다시 보자. 아마 여기서 가장 가까운 내일, 그 내일은 한 번 더 만날 수 있겠지 싶어, 혹 놓칠까 두 팔로 가슴을 꼭 끌어안고 잠이 든다. 무로 되돌아가는 길, 아무것도 모른 채 왔다가 아무것도 모른 채 가는 길, "내일쯤이면 괜찮겠지" 중얼거리며 나는 그 희미하고 알 수 없는 내일을 또 기다린다. 내일에도 꿈이 남아 있을지조차 모르면서, 못다 꾼 꿈을 조금 더 길게 이어 놓는 참으로 못 말릴 나의 꿈들.

다시 돌아온 아침, 내게로 내려앉은 따스한 햇살이 눈물겹도록 아름답다. 나는 죽대밭 사이에 걸음을 멈추고, 곧게 선 대나무 한 줄기에 마음을 매단다. 부끄러운 마음으로 스스로에게 점수를 매겨본다. 나는 과연 몇 점짜리 삶을 살아왔는가.

남들과 견주어 부족했는가, 넘쳤는가. 그러다 문득 깨닫는다. 잊었는가, 벌써 잊었는가. 고유한 '나'로 태어난 존재를, 대체 누구와 비교할 수 있단 말인가?

순간마다 도장 찍듯

내가 있을지 없을지 모르는 그 많던 아리송한 '내일'이, 이제 와서 왜 이리도 소중해지는가. 매 순간 내 이름 꼭 박아 남기듯 빈틈없이 살아온 날들, 발자욱마다 다져진 긴 줄기 위에 여전히 채워지지 않은 무언가가 남아 있는 듯하다. 무엇이 모자란지 알 수 없는 모자람의 덩어리를 품은 채, 나는 또 무엇을 찾는가. 창들을 다시 활짝 열고 마음을 밖으로 내몰아 호령해 본다. "짧게 남은 시간에, 더 무엇을 하려느냐?" 아까운 시간을 흘려보내지 않으려 다짐한다.

우리는 저마다 마음을 단단히 끌어안고 살아간다. 부모와 자식이라도, 부부라 해도 다 알 수 없는 그 마음. 가까이 함께 지내며, 보일 것 없는 '엄마'라는 이름 아래 숨겨진 볼품없는 진짜가 들킬까 조마조마한 순간들. 엄마의 사랑만으로는 달래기 어려운 더 큰 무엇이 있다는 사실을, 나는 요즘 더 알아 간다. 자력 없는 엄마의 슬픔, 전부 쏟아붓고 싶어도 더는 내어줄 것이 없을 때의 막막함, 보이지 않는 마음만으로는 턱없이 부족할 때가 있는 법이다.

그래서 오늘, 사랑의 숲길을 조금 더 깊숙이 파고든다. 어지러운 내면을 다듬어 줄 '나와의 약속'을 분명히 적어 남긴다. "나는 할 수 있다."

한 줄의 표어를 내 앞에 걸어 두고, 어깨를 곧추 세운다. 지나간 것은 지나간 대로 두고, 지금은 지금대로 받아들인다. 우리가 할 수 있는 것은 언제나 최선, 그뿐이다. 그리고 순간마다 도장을 쾅쾅 찍듯, 오늘의 책임을 오늘에 새긴다. 그러면 그걸로, 일단은 된 것이다.

넘치면 흘려보내고

엄마인 내가 어쩌다 딸 앞에서 모르는 것들이 이렇게도 많단 말인가! 동창(東窓)에 또다시 날이 밝고, 오늘도 '세상'을 맞이한다. 전 생애를 이 안에서 살아왔건만, 그 조그만 꼬투리 하나도 알 수 없는 '삶'. 나를 가득 채워 줄 무언가를, 염치없이 또다시 기다린다. 기다릴 사람들은 이미 다녀갔는데도, 종일 문 앞에서 바보처럼 멍하니 선 채로.

공연한 정성을 쏟다 헛수고로 돌아가고, 시간에 매달려 다시 애걸복걸해 보는 어느 외나무다리 중턱. 해는 벌써 뉘엿뉘엿 기우는데, 나는 서성이고 머뭇거린다. 저 멀리 강물은 유유히 흐르고, 푸른 풀밭의 가축들은 불평 없이 풀을 뜯으며, 익은 벼 이삭은 무겁게 수락의 몸짓으로 고개를 숙인다. 저마다 순종의 자세로 조용히 다음 순서를 기다린다.

언덕길과 산길에 흩어진 돌멩이들은 그 자리에서 무엇을 기다리듯 묵묵히 자리를 지킨다. 인내. 우리 모두, 같은 하늘 아래 친척처럼 모여 세상을 이루는 이름 모를 도감(圖鑑) 한 권. 때로는 쏟아 비우고 때로는 다시 채우며, 넘치면 흘려보내고 모자라면 보태가며 영원을 향해 함께 끌고 가는 아름다운 천지. 그 한가운데 내가 담겨 있음을 오늘 또 새삼 깨닫는다.

홀로 설 수 없음을 알아차리고, 두 발 가지런히 세워 한 발씩 번갈아 떼며 정해져 있었을 나의 길 따라 처음부터 '다시 시작'으로 입항한다. 검은 구름이 하늘을 뒤덮어도 정해진 길을 향해 묵묵히, 부지런히 작은 꿈 조각들을 두 주먹에 꼭 움켜쥐고 나는 오늘도 그렇게 간다.

때때로 남겨둔 한숨을 이정표 삼아, 내일을 하나 더 지나 어딘가 반드시 있을 그 길 위로 여행자가 되리라. 모든 살아 있는 것들의 행렬을 따라 어느 종점을 향해 내일도 행진하겠지. 그 끝에서 누가 기다리고 있을까. 하나님? 아님 누구?

내가 '나'인 것에 감사하며

나 혼자 있을 때 내가 다 아는 줄 알았던 것은, 다 거짓이었다. 곶감 줄에서 하나, 둘 빠져나가듯 솔솔 흘러내리는, 늙은 이의 어이없는 '앎'.

오늘은 또 어디로 숨어야 하지. 잘못한 것도 없는데 자꾸만 잘못한 듯한 이 불안은 언제부터였을까. 이 시대에서 서서히 사라지는 중인 나, 멍청히 자취 희미해지는 작은 물길처럼 애초부터 없었던 것처럼 사라져 가는 나.

딸아이 어릴 적 자주 하던 말이 떠오른다. "엄마, 나 착해?" 이젠 엄마인 내가 물을 차례다. "딸아, 엄마… 나 착해?"

희극 같으면서도 슬픈 내 삶. 어느 대목에선지 내 안에서 술술 풀려 나오는 이야기들이 여기저기 툭툭 튀어나와 민망하지만, 이 또한 '참 인생'이 아니겠는가.

다행히 아직 정신은 또렷하고, 무엇에도 섞이지 않은 늦은 날의 생을 있는 그대로 그려 남길 수 있는 행운도 있다. 그 자체로 내게 허락된 축복이라 믿고 감사한다.

어찌어찌 마지막 좁은 골목까지 새어 들어와, 이 삶이 헛되지 않도록 다시 시작해 보며 펜을 쥔 손끝의 매 초가 얼마나 아까운지 실감한다. 아직도 할 말이 이토록 많다는 사실에 스스로 놀라며, 내게 입항해 오는 생각의 편편들을 받아 적는 일에 열을 올린다. 이 시대, 이 골목, 이 환경 속에서 작게나마 길을 다시 틔워 보며, 나의 이야기가 아직 이어질 때 나는 내가 '나'인 것을 부끄러워하지 않고 감사하기로 다짐한다. 그래서 오늘도 고운 마음 조각들 품에 끌어안고 곧게 서서 기다린다. 신이 허락만 하신다면 햇살이 비치는 그 마지막 어딘가까지, 내 발걸음마다 '감사'를 쫑쫑 새겨 남기리라.

순번을 조용히 기다리며

내가 사랑으로 길러낸 나의 네 딸들. 만물이 줄을 지어 차례를 기다리는 이 세상에서, 나도 그 줄에 바르게 선다. 무엇이 되든 다음 순번을 조용히 기다리는 이 자리가 곧 축복임을 깨우치며, 나는 조용히 굳건한 인내로 선다. 눈 흘기지 않고 귀를 열어 두고, 또 다른 명령이 들릴 때까지 차렷 자세로 기다린다.

삶은 어딘가로 가다 잠시 쉬어, 봉우리 위에 올라 내 이름을 외치고 파도에 실려 잠깐 춤추다 서둘러 떠나기도 한다. 그리고 안개가 걷히듯, 세상에 홀연히 모습을 드러낸다. 나는 세월의 옆구리를 쿡 찔러 묻는다. "삶아, 세상아, 세월아, 너는 무엇이냐?"

세상 위에 슬며시 낀 이끼 같은 생명들, 세상은 흙과 물, 그리고 돌멩이들이 모여 이루어진 곳일 뿐일까. 바람이 가끔 스쳐가고, 빗물이 내려와 씻어 주는 그 자리, 나는 그저 거기에 놓여 있었다. 어쩌다 씨앗처럼 떨어져 싹을 틔우며, 하나의 생명이 되었다.

근엄한 사랑의 형상으로 새벽은 다시 찾아오고, 나는 비뚤어진 글씨체를 곧게 바로 세운다. 글씨가 곧 마음의 자세이기에 천천히 곧게 다시 써 본다. 입은 웃는데 마음은 우는 까닭을 글로 오래 써 내려간다.

다시 새해, 다시 월요일 아침, 다시 하이웨이의 긴 통근 행렬. 그 사이로 세월이 흐르고, 내 마음도 세월 따라 흐른다. 눈길 닿는 곳마다 염원을 이으며 나는 묻는다. 나의 이야기는 어디에서 끝이 날까 하고.

허사들이 모여 더 큰 허사를 이루는 그 안으로, 나는 더 깊이 몰입한다. 검은 구름이 몰려와 소낙비를 퍼부으면, 허허벌판에서 흠뻑 젖어 땟물 씻겨 내리듯, 오늘 나는 나의 마음을 씻는다.

제 2 장 세월에 낚싯대 드리우고

이름조차 붙일 수 없는 슬픔

끊임없이 무엇을 해야만 할 것 같은 억지가, 갈 곳 없는 '나'를 매 순간 문밖으로 끌어낸다. 주섬주섬 옷 갈아입고, 아는 이 하나 없는 거리를 바쁜 척 걸어본다. 살 것도 없으면서 상점에 들어가 가격표만 들여다보다가, 상인에게 미안해 빨개진 뒤통수로 인사하고 다시 거리로 나온다.

답을 모르는 질문, 누구도 건네지 않는 답 없는 길, 달리는 시간에 매달려 허덕이다가 문득 눈을 크게 떠보니 아직도 이 세상이다. 아무도 가르쳐준 적 없는 길, 가라 명령 받은 일도 아닌데 스스로 잘못 들어와버린 듯한 이곳, 입은 분명 웃고 있는데 마음은 울고 있다. 나는 마음을 쪼개 정찰병처럼 사방으로 내보낸다.

때론 야박한 세상! 끝자락일수록 더 야박하게 느껴지는 세상, 서운함을 끌어안고 얌전히 마지막을 기다리는 사이 나도 어느새 노인이 되었다. 슬픔보다 더 슬퍼 이름조차 붙지 않는 슬픔, 그 이름을 아직 찾지 못해 입을 다문 채.

 그림자와 걷는 하루

오늘도 내 그림자가 곁에 끼어 숨결 더하며 살아있는 날이다. 팔 벌려 감사 전하며 살아 있음을 확인하지만, 정작 행동보다 공상으로 하루를 채우곤 한다. 모자라던 시간이 이젠 남아도는 듯, 하루가 길게만 느껴진다. 그러다 구석에 숨어 훌쩍이며 귀한 시간을 흘려보내기도 한다.

새벽에 귀가 간지러운 것을 보니 누군가 나를 생각하나 싶다. 당신인가, 아니면 또 다른 누구인가. 내 이름을 불러주는 이, 나를 기억하는 이가 아직 어딘가에 있을까 더듬어 찾아본다. 하지만 지금은 모두 잡히지 않는 그림자뿐.

이제는 마감 가까이 다가와 무엇인가 알 것도 같고 잡힐 것도 같으나, 여전히 잡히지 않는 그림자 속의 삶 같다. 저 높은 곳에서 "요망한 것"이라 부르며 나를 불러 들이는 소리가 들린다. 나는 못 들은 척 'Hakuna Matata' '괜찮아, 다 잘 될 거야'를 읊조린다.

새벽마다 싹트는 고마움

삶의 모습이 다시 눈앞에 펼쳐지는 오늘, 깨우침의 순간들을 이어 하루를 살아간다. 내가 이어놓은 찬란한 순간들의 빛남 앞에, 늦은 이날에야 비로소 내 자신에게 고마움을 전한다. 날카롭게만 굴던 내가 어느새 둥글게 굴러 여기까지 왔음이 신기하다. "고맙다, 고마워." 가슴 한가운데를 쓰다듬으며, 용케 이어온 이 삶에 성심으로 감사를 전한다. 허리띠를 더 조여매고, 아직은 천방지축이지만 빛이 손짓하는 곳을 향해 달려간다.

새벽마다 싹트는 기다림 속에서, 고마움은 힘이 되어 내 등을 다정히 떠민다. 그 힘에 기대어 하루는 다시 부유하고, 밤은 새벽을 맞이한다. 이제야 알겠다. 세상의 이치는 결코 공것으로 이루어지지 않는다는 것을. '네 것'과 '내 것'이 갈라지며 금이 생겨난 그 순간부터, 나는 비로소 삶의 새로운 계산법을 천천히, 그리고 아프게 배우기 시작했음을.

간절한 물음 앞에서

나는 여기서 너를 뚜렷이 보며, 멀리서도 너의 이야기를 엿듣기 시작한다. 우리가 아니면서도 서서히 우리가 되어가는 이 신비한 순간.

이 아침, 나는 나를 십자로 바닥에 눕히고 스스로를 바라본다. 가장 궁금한 것은 여전히 나 자신이다. 나는 무엇인가? 어찌하여 천지를 내게 맡기셨는가? 허둥대며 살아온 세월 속에 지나친 질문이 이제서야 간절히 나를 붙든다. 이제는 꼭 알고 싶다. 누군가 가르쳐 주시고, 들려 주시기를.

꿈에서 건져 올린 듯, 먼 별나라에서 가져온 듯한 말씀, 세상에 아직 없는 그 귀한 말씀이다. 그러나 오늘 이 모습 그대로의 나는, 과연 이 세상을 통과할 수 있겠는가? 불합격인 채로 머물러야 하는가?

내 안의 명령따라

서서히 나를 닫아가는 날, 너털웃음과 헛웃음이 모여 허무의 무더기를 쌓았지만, 이젠 그것조차 녹여내고 치워야 할 때다. 나는 심각하게 차려앉아 나를 바라본다. 때론 바보처럼 세월 속으로 빨려들며, 행복이 어디에나 있음을 깨닫는다. 그러나 이 자리도 오래 가지 않으리라는 것을 어렴풋이 안다.

내 안에 차곡차곡 쌓였다가 인형의 옆구리처럼 터져 나오듯 주절거리며, 나는 지금 시간 위에 생명의 실을 수놓듯 나를 남겨본다. 멈추지 않는 이 행위는 하찮은 유물 하나 남기려는 준비일 뿐인데도, 새벽이면 가라앉은 마음이 새것을 달라 손을 내민다. 살아 있음이 아직도 나를 붙들어 호령한다.

알 수 없는 내 안의 명령따라, 기계장치처럼 나는 또 오늘을 살아낸다. 내가 나 같지 않은 날에는 차라리 내가 아니기를 바라기도 한다. 그러나 잘 다듬어진 내가 되고 싶은 날에는, 앞으로 나아가기도 뒤로 물러서기도 하며 나를 굴려본다. 그 속에서 넘치는 감사로 둘러싸인 나를 발견한다. 그리고 문득, 나의 마지막 장식이 가장 빛나기를 소망한다. 오늘은 그토록 변덕스러운 날이다.

왜 생명을 연장해 주시는가?

꿈에서 건져온 듯, 별나라에서 보내온 듯, 바다 깊은 수심에서 건져낸 듯, 이 세상엔 아직 없는 귀한 말씀들을 찾아 헤매는 날이다. 그러나 신께서는 오늘의 나를 꾸짖으신다. 이대로는 통과할 수 없다고, 불합격이라 말씀하신다.

책상 위 램프 불빛 아래 앉아, 내 마음을 세상 밖으로 내어보내며, 나는 심부름꾼처럼 때로는 탐닉자처럼 살아왔다. 나의 장난은 늘 허무한 놀이였고, 나는 빈 웃음을 찍어내는 기계와도 같았다.

이해의 마지막 날, 내가 여전히 거기 서 있다면, 하늘에 꼭꼭 숨겨둔 내 목소리와 마음의 모형들을 다시 꺼내 펼쳐볼 수 있을까. 오늘 우리는 내일을 위해 땀 흘리지만, 그 내일이 올지 알 수 없다. 그러나 오늘 나는 세상과 어울려 한 장의 역사를 만들어가고 있다. 그것이면 족하지 않을까.

그럼에도 여전히 묻는다. 신께서는 내가 무엇이 되기를, 무엇을 하기를 바라시기에 이렇게 생명을 연장해 주시는가. 나는 오늘도 그 물음 앞에 서 있다.

감당 못 할 질문들

죽은 듯 조용히 기다리던 불씨 하나가, 다시 활활 타올라 생명의 불길이 된다. 오, 이렇게 질긴 생명줄에 붙들려 나는 또 한 번 새벽에 당도했다. 새벽의 사람들 속에 섞여 땀 흘린 만큼의 대가를 구하며, 창가에서 간절히 속삭인다. "나는 당신들 편입니다."

지난날 늘 받기만 하던 나는, 이제는 나의 손을 나의 마음을 먼저 내밀고 싶다. 여긴가 저긴가 길의 끝을 묻는 순간부터, 삶은 끝없는 꿈처럼 흘러왔다. 누구의 꿈인가, 누구의 얼굴인가. 이름을 알려 달라, 만나보고 싶다.

무수한 만남과 허무의 가르침은 무엇을 위한 것인가. 몰라서 여기까지 왔건만, 이제는 감당 못할 의문이 밀려온다. 더는 미룰 수 없는 한계 앞에서, 나는 다시 묻는다. 신께서는 울먹이며 서 있는 나를 보고 계십니까? 내 목소리를 들으십니까?

남은 길 앞에서

앞으로 남은 길은 아스름하고 잘 보이지 않는다. 하늘과 땅, 글자와 숫자, 더하기와 빼기, 곱셈과 나눗셈까지 가르치신 까닭은 무엇이었습니까? 지금 저에게 모든 느낌을 빠짐없이 적어내라 하시는 이유는 무엇입니까?

너무 오래 기다리게 마옵시고, 그 다음 길을 알려 주옵소서. 천지가 방황하는 듯 짙어지는 혼란을 왜 보여주십니까? 부디 거두어 주옵소서.

오늘 나는 전혀 다른 지점에서 다른 세상을 발견한다. 세상은 하나 같지만, 사실 각자에게 주어진 세상은 제 각각이다. 그러므로 누구도 세상이 이렇다 단정할 수 없음을 깨닫는다.

외딴 구석에 머물던 나를 넓은 삶의 현장 앞에 앉히신 까닭은 무엇입니까? 무엇을 더 배우고, 무엇을 얻게 하려 하십니까? 왜 살아야 하는지, 무엇을 위한 행위인지, 죽음 너머서야 알 수 있는 그 대답을 위해 나는 오늘도 기다린다.

답을 찾아 헤매며

나는 골목마다 헤매며 집집마다 들여다본다. 왜 살아야 하는지 묻고 싶지만, 문은 모두 잠겨 있고 대답은 없다. 사람들은 근심 가득한 얼굴로 마지막만 준비하듯 바쁘고, 거리의 눈빛들은 그저 스쳐 지나간다.

먼 길을 와서도 난 왜 살아야 하는지 여전히 알지 못한다. 점점 줄어드는 남은 날들 앞에서 답을 찾다가, 오늘도 허망하게 멈춘다. 신께 다시 간구한다. 너무 오래 기다리게 하지 마시고 다음 길을 알려 달라고.

나는 지금 마음이 시키는 것들을 빠짐없이 적고 있다. 그러나 묻는다. 이것은 또 왜인가? 무엇을 시키시려는가? 나에게 진정 어떻게 하라는 것인가?

세월에 낚싯대 드리우고

세월이 무엇이냐 묻는다면, 낮과 밤이 번갈아 흐르고 해와 달이 차례로 세상을 도는 것이라 답할 수 있을까. 생명을 실어 나르며 시작에서 또 다른 시작으로 이어지는 흐름. 그러나 탄생에서 죽음으로 가는 여정에는 간이역도 없다. 마치 쓰레기장으로 향하듯 허무의 연속일 뿐이다.

나는 세월에 낚싯대를 드리운 낚시꾼처럼 평생을 기다려 왔다. 삶이란 허무의 연속, 그림자를 끌어 안고 추억의 바람을 맴도는 한 줄기 바람과도 같다. 그러나 새벽마다 나는 다시 시작을 이어간다. 알지 못한 채 시작된 그 처음부터, 매 새벽 보태어진 무수한 시작들이 내 어깨 위에 짐처럼 쌓였다. 조각난 나를 모아 큰 나를 이루고 있는 지금, 또 다른 시작이 얼굴을 내민다. 신이여, 이 무거운 시작의 짐을 감당할 수 있도록 도와주소서.

[행복을 병 속에 담는 법]

행복이 도망가지 않게 사라지지 않게, 나는 행복을 병 속에 담아둘까 한다. 언제든 다시 열어볼 수 있도록, 내 손이 닿는 가까운 곳에 두고서.

침묵의 소리와 황금빛 들판

침묵의 소리 〈The sound of Silence〉 : Simon & Garfunkel

안녕, 어둠이여, 나의 오래된 친구,
나는 다시 너와 이야기를 나누려 찾아왔다.
잠든 사이, 부드럽게 스며든 하나의 환상이
내 안에 씨앗을 심고 갔다.
그 환상은 아직도 내 뇌리에 남아
사라지지 않고 머문다. 침묵의 소리 속에서.

황금빛 들판 〈Fields of Gold〉: Sting

서풍이 불어와 보리밭을 흔들 때
그대는 나를 기억하리.
질투 어린 하늘의 태양은 잊고,
우리는 황금빛 들판을 함께 거닐리라.

그 이름 하나

어느 날, 낡은 수첩에서 오래된 이름 하나를 찾아냈다. 긴 세월을 건너 여전히 반짝이는 눈빛으로, 마치 그때처럼 나를 기다리고 있는 이름.

떠나지 않은 것일까, 아니면 내가 떠나보내지 못한 것일까. 이제 세상을 떠날 날이 다가오는데, 나는 저곳에서 무엇으로 남을지 모른다. 더는 데리고 갈 수 없는 그 외로운 이름 하나를, 바람에 실어 보내며 눈물 한 바가지를 쏟아낸다.

우리가 걸어온 길 (The Way We Were)

그때는 모든 것이 참으로 단순했을까,
아니면 세월이 모든 문장을 다시 써버린 걸까.
만약 다시 시작할 기회가 주어진다면,
우린 과연 할 수 있을까? 다시 웃을 수 있을까?
추억은 아름답다. 그러나 너무 아픈 기억은,
우리는 그저 잊어버리기로 한다.
그래서 우리가 기억할 것은 웃음뿐.
우리가 함께했던 그 길, 그때 우리가 걸어온 길.

-1973 영화 주제가 -

제 3 장
한 수씩 삶을 배우며

삶의 선율 속을 걸어가며

새벽마다 나는 작은 시작들을 이어간다. 처음의 시작에서 지금까지 줄곧 이어진 그 시작들이 모여, 이제는 덩치 큰 내가 되었다. 바보 같지만 분명히, 이 '나'가 나임을 인정한다.

높고 높은 곳에 계신 창조자여, 어디에 쓰시려고 저를 다듬어 세워 놓으셨습니까? 지금 나는 세포마다 들추어 '자신'을 찾는 순간에 서 있다. 1,000억 개의 뉴런, 수십 조의 시냅스로 얽혀 신호를 주고받는 뇌의 세계. 그 광활한 질서 속에서 나는 점 하나만도 못한 존재다. 그러니 아무것도 하지 않고 그저 점 하나로 숨 쉬며 가만히 있어도 되지 않겠습니까?

낙엽이 흩날리는 인생길 위에 추억을 덧입히며, 오늘도 '살아가는 이유'를 간절히 묻는다. 자석에 끌리듯, 정해진 점을 향해 몸부림치는 하루하루다. 삶이란 점과 점을 이어 찍어가는 기록이며, 쉼표와 마침표, 물음표와 감탄사로 이어진 문장 같다.

혹여 잘못 건드려 와락 무너질까 두려운 마음을 안고도, 온몸과 온 마음을 다해 공들여 살아가는 모습이야말로 세상에서 가장 아름다운 삶의 모습이 아닐까. 지금 나는 파가니니의 화려한 광시곡에 취해, 삶의 선율 속을 걸어가고 있다.

 바보 같은 기다림

화려한 천지에 내려 살아가고 있는 나. 허허벌판에 홀로 서 있지는 않을 것이다. 사랑하는 이들과 손잡고, 발맞춰 노래하며 춤추리라. 웃음 속에 내 웃음 섞어 흩뿌리고, 열린 길 따라 앞으로 걸어가리라.

나는 나를 말할 때, 한쪽만 드러내지 않으리라. 단맛과 쓴맛이 모두 배인 나, 흰빛과 검은빛뿐 아니라 분홍과 보라빛까지 병풍처럼 활짝 펼쳐 보이리라.

당신과 함께했던 야생화 만발한 해변 언덕, 그곳에 가면 당신을 다시 만날 수 있을까? 어디에도 보이지 않는 당신이, 눈을 감으면 낙엽 춤추던 곳에서 손잡고 춤추던 우리가 보인다. 가을이면 눈을 감고 걸어 다시 우리를 만나본다.

나는 이제 당신 것이 되었고, 당신은 곧 내가 되었다. 어제의 나는 이미 사라졌는데도, 나는 낙엽송 아래서 여전히 바보처럼 기다린다. 노트

북을 열고, 또다시 시작으로 돌아가 기다린다. 해마다 노트를 사고, 옷을 사들이며. 바보, 이 바보야, 어떻게 해야 알아듣겠니?

이제는 아무것도 하지 않고, 두 손 모아 고개 숙인 채 가만히 있어도 되지 않겠는가. 정말 그것마저 안 되는 것일까. 왜 자꾸 어딘가로 가야 한다는 듯, 마음은 나를 재촉하는가.

한 수씩 삶을 배우며

오늘 나는 하늘의 별이 아닌 땅 위의 생명들 속에 섞여 있다. 새벽은 어느새 엄한 스승이 되어 나를 가르친다. 홀로의 시간이냐 함께하는 시간이냐를 저울질하며, '나의 길'과 '너의 길'이 아닌, '우리의 길'을 꿈꾼다.

무엇을 잘못했는지 떠오르지 않아도, 새벽이면 두 손 모아 무릎 꿇는다. 유동과 부동이 뒤섞여 앞으로 밀고 가는 세월의 장엄한 걸음. 창 너머 무겁게 드리운 세상이 금세 무너질까 염려하면서도, 하루를 용케 버티고 또 새로운 날이 숨 가쁘게 이어진다. 오, 찬란한 아침! 나는 천지의 자식으로, 만물 가운데 하나로 서 있다.

오늘은 스승들의 책을 펼쳐 한 수씩 삶을 배우는 날, 하루는 맞춤옷처럼 열었다 닫으며 차곡차곡 쌓인다. 그러나 여전히 보이지 않는 무언가를 기다리는 나, 내일이면 보일까 그다음 내일이면 보일까.

기다려주는 나는 지금도 나 자신이다. 매 순간 나를 꾸준히 빚어가는 그 과정, 그것을 우리는 '삶'이라 부르지 않던가. 그래서 나는 언제나 나를 만들며, 한순간도 쉴 틈 없는 이 바쁜 나날을 살아간다.

좁지만 넉넉한 자리

너 자신에 대해 가장 잘 아는 이는 바로 너다. 다른 누구도 너보다 더 잘 알 수는 없다. 그러니 무엇을 어떻게 할지, 굳이 남에게 묻지 말라.

폭포가 하나로 모여 이루는 힘, 밀어내는 거대한 기운, 나도 그처럼 하나의 힘이 되어 세상을 훌쩍 통과하길 바란다. 너와 나, 우리가 함께라면 두렵지 않다. 내일과 미래를 함께 수놓아 간다면, 그 길은 즐겁다.

어느 날부터 여기가 내 자리라고 했다. 좁지만 내 자리, 조금은 낯설고 어린 슬픔 같지만, 다시 보니 헐렁하기도 하다. 좁아서 오히려 나를 곧게 세우기에 알맞은 곳, 아직은 꿈의 뿌리가 버티고 있고 사랑의 싹이 봄을 기다리는 자리다. 좁으면 또 어떠랴. 아무리 좁아도 추억을 데려갈 만큼은 넉넉하다. 내 사랑들을 모두 품고 가기엔 부족함이 없는 곳, 그래서 나는 이 좁은 자리에서 오늘도 살아간다.

세월의 수위 아저씨

벌써 새해인가? 1월인가 했는데, 어느새 2월이 문 앞을 두드린다. 세월이 속력을 내는데, 다리는 아파오고, 나는 아직 잠옷 차림이다. 어쩌지, 어쩌지.

봄은 이미 한 마장 앞에서 몰려오고 시간은 끝자락에 매달려 흔들리는데, 나는 오늘 세상을 훔쳐보기 좋은 이 자리에서 이름표 없는 무급의 수위 아저씨로 서 있다. 엄동설한 추위에 손을 호호 불어가며, 무엇을 지키는지도 모른 채 마음씨 좋은 아저씨처럼.

종일 창밖 고속도로를 달리는 자동차를 세어본다. 누가 시킨 것도 아닌데, 누가 속력을 내고 누가 졸고 있는지 살핀다. 간간이 번쩍이는 불빛 속 교통 순경이 차를 세우면, 나는 마음속으로 "살살 달리세요."라며 대신 빌어준다.

세상이라는 질문

언덕 아래 삼킬 듯 펼쳐진 곳에서 살아 있음을 오물오물 나누며, 우리는 그것을 '세상'이라 부른다. 모든 생명은 어지럽지도 않은지, 그 끝없는 순환 붉은 피를 돌리며 쉼 없이 회전한다.

지금 이 순간, 내가 쓴 책을 읽고 있을 누군가가 있을까. 나를 생각해 줄 이가 있다면, 참 좋으련만. 나는 왜 이토록 지금까지도 촌음을 아끼며 나를 다듬는가. 무엇을 위해서인가. 두려워도 눈 감고 달려가듯 무사히 여기를 통과하기 위해서일까.

백 년 후 세상은 어떤 모습일까. 그때의 인간들은 무엇을 구하며 살아갈까. 다윈의 진화론대로라면 인간의 모습도 달라져 있겠지. 하나님을 닮아갈까, 아니면 마귀의 얼굴로 변해갈까. 원숭이에서, 물고기에서, 수많은 변화를 거쳐 오늘의 인간이 되었다고 친다면, 훗날 인간은 날개를 달고 하늘을 나는 존재일까.

백만 년 후, 우리는 네안데르탈의 먼 친척으로 다시 불리게 될까. 이 질문은 여전히 나를 사로잡는다.

온실 속 화초 같은 삶

나는 좁은 공간에 파묻혀 돌아보고 기다리며, 우주와 생명, 인간을 알아보려 한다. 그러나 여전히 알 수 없는 이 삶. 창 틈으로 비친 세상을 훔쳐보며 두뇌를 다그친다. 불러보고, 만져보고, 매달리고, 이름을 묻고, 다정했다가 매몰차며, 겁이 나기도 하는 이 세상.

꼭 짚어 말할 수 있는 자리는 없다. 아직 그곳이 아니라고 하며 나는 언덕을 오른다. 얼마나 더 올라야 "그만 되었다" 할 수 있을까. 꿈에서라도 그곳에 닿을 수 있을까. 나는 온실 속 화초처럼 공을 들여 기르는 주인을 생각하며 자라야 한다고 다짐한다.

온실 밖엔 따가운 햇빛과 매서운 추위, 억센 바람이 몰아쳐도 나는 한 자리를 차지하며 사랑 받고 살아가는 화초 한 포기. 그토록 큰 사랑을 받으며 자라는 나는 감사로 가득하다.

가물가물 쌓여 있는 지난날들 위에서 곡예를 멈추지 않는 만물의 기묘한 춤을 본다. 언젠가 이 쌓아놓은 세상이 훤히 드러날까. 무엇을 위해 쌓는 것이며 어디로 향하는 걸까. 자신조차 이유를 모르는 순간, 나는 힘이 빠져 맨땅에 주저앉고 싶다. 아무 대답 없는 무아의 공간 속으로 빠져들며, 마지막 점을 향해 간다. 마침내 내게 분배된 세상의 청산 앞에서, 나는 묻는다. 얼마나 썼으며, 얼마나 남았는지.

오늘 하루만이라도

벙어리처럼, 귀먹은 이처럼 살고 싶은 날이 있다. 멀리 떨어져 홀로 있고 싶은 날, 그러나 나는 그렇게 살 수 없다. 그럼에도 구석에 숨어 오로지 내 일에만 몰두하고 싶은 날이 있다.

오늘은 그저 스치듯 흘러가 버렸으면 하는 날, 아무도 만나지 않고 아무 말도 하지 않은 채 묵묵히 나의 길을 걷고 싶은 날, 주어진 양식이 바닥나도 모른 체 그냥 그렇게 지내고 싶은 날이 있다.

세상은 지금 어쩐지 너무 어둡다. 할 일들을 내 시간표에서 모두 쫓아버리고, 기다림마저 멈추고 싶지만 결국 다시 삶은 내게 다가온다. 가슴은 또 뛰고, 나는 어김없이 할 일을 불러들이며 기다린다. 못 말릴 나, 그러나 그것이야말로 축복이 아닌가.

조용히 창가에 서서 아래 마을을 훔쳐본다. 사람들은 모두 저마다 보이지 않는 꿈을 품고, 햇살 좋은 날 새싹을 틔우길 기다린다. 반짝이는 별빛 같은 눈동자들, 오물오물 꿈을 움켜쥔 채 살아간다.

그리고 나는 다시 빈손으로 제자리로 돌아와, 무엇을 찾다 결국 아무것도 얻지 못한 채 앉는다. 오늘도 삶은, 그저 그런 하루로 흘러간다.

옛 추억들 다시 고개 들고

스산한 바람만 흘러가는 언덕에 나무 한 그루가 서서 먼 산을 바라본다. 출렁이는 바다 건너, 내가 한때 머물렀던 마을을 향해서.

꽁꽁 숨겨 두었던 옛 추억들이 다시 고개를 들고, 이름만 남기고 사라진 사랑하는 사람들은 여전히 내 이름을 불러주는 듯하다. 어찌하여 이토록 먼 세월을 건너와 아직도 나를 따라와 주는지.

세상이 나를 받쳐주던 날마다 나는 감사의 눈물을 흘렸다. 위태롭게 세월에 매달려 있을 때조차, "내가 되어 있음"을 감사했다. 부족했지만 그만큼 정성을 다해 살아왔음을 알기에, 눈물을 참으며 이를 악물고 두 주먹을 움켜쥐던 나. 때론 세상을 째려보면서도, 멈추지 않았던 더 깊은 감사. 거짓말 같은 진실이지만, 나는 그것이 분명히 나였음을 안다.

"그만하라, 멈추라"는 손짓에도 펜을 놓을 수 없었던 나. 그만두면 이제 무엇을 하라는가. 그만두면 나는 무엇이 되는가.

어느덧 지금이 바로 그때인가 보다. 올 거라 예상은 했지만 막상 다가오니 아리송한 이 삶의 끝자락, 모두 떠나보낼 준비로 분주한 어느 근처에서누가 뭐라 하지 않아도 자꾸만 슬퍼지는 자리에서 나는 오늘도 묻는다. 어쩌라고?

감사로 이어지는 하루

상가의 불빛이 하나 둘 꺼지고, 움직임이 멈춘 거리엔 길고양이들이 남은 밤을 이어 간다. 세월이 다리를 놓듯 천지는 내일을 향해 발걸음을 옮기고, 나 역시 하루살이 나그네로 내일을 향해 다시 문을 연다. 우선은 내일까지만.

그 옛날 엄마와 아이가 세상 문을 열던 날은 이미 먼 과거가 됐다. 세월이 흘러 이제는 엄마와 딸들이 함께 또 하루를 열어간다. 같은 하늘 아래서 아빠가 지켜보는 가운데, 카메라 앞에 나란히 서서 웃음을 짓는다. Golden Gate Garden의 품에 안겨, 수십 년 세월을 넘어 다시 모였다.

이제는 엄마가 딸이 되고, 딸이 엄마가 된 듯 바뀐 자리. 마그놀리아 꽃밭에서 딸들의 사랑에 안긴 노인은 재롱을 부리고, 손을 맞잡은 가족의 이름은 빛나며 이어진다. 오랜 세월을 지나도 고마움을 감추지 못해 눈물로 돌아서는 엄마, 그 축복스러운 하루 속에서 나는 여전히 행복을 배운다. 더는 불평하지 않으리.

꿈 있고 할 일이 있는 한 우리는 행복하다. 이 삶이 끝나기 전, 작은 결실이라도 남겨야 하지 않겠는가. 간절함의 한 가닥은 반드시 남아야 한다. 그래서 나는 새벽마다 이불을 걷어차고 벌떡 일어나, 더는 허비할 수 없는 시간을 붙든다.

가냘픈 생명의 줄에 매달려 다시 힘을 쏟아내는 나, 아직 정성을 기울일 힘이 남아 있음을 감사하며 반짝이는 눈빛으로 하루를 채운다. 그것만으로도 충분하다. 나는 터져 나오는 눈물을 꾹꾹 참으며 오늘도 살아간다.

꿈이 아닌 오늘

남은 날들을 향해 달려간다. 밀려 있는 해야 할 일들 때문이다. 다 끝내지 못할 걸 알면서도 놓을 수 없는 과제 앞에서 손과 머리는 점점 더 바빠진다. 매 순간 잣대로 재며 다급한 마음으로, 가만히 앉아 있어도 바쁜 날이다.

햇살은 따스히 내려오고, 세파에 휩쓸려도 나는 아직 여기에 서 있다. 어디로 가는지 알지 못해도, 요동치는 물결에 매달린 채 나는 여전히 나아가고 있다.

이 도시의 생명들 사이사이, 우뚝 솟은 무수한 십자가들의 의미는 무엇인가. 무엇을 말하려는가. 세상이 내게 전부를 준다 해도, 나는 혼자는 싫다. 혼자서는 아무것도 할 수 없다. 그 생각만으로도 두렵다.

이 삶이 꿈같아 나는 스스로를 꼬집어 보았다. 아팠다. 꿈은 아니었다. 그런데도 여전히 누군가 꾸는 꿈속에 있는 듯하여, 나는 나를 더듬어 만져 보았다. 분명히 만져졌다. 삶은 꿈이 아니었다. 그래서 나는 세상을 째려보았다. 꿈이 아님을 확인한 오늘, 그저 그렇게 살아 있는 오늘에.

혼자서는 안 되는가?

세상 속에 섞여 사는 동안, 나는 기억되고 싶다. 사람들이 벗들이 나를 잊은 듯 느껴질 때면 나는 슬프다. 왜 나는 늘 '더 배워야 한다'고 스스로를 다그치는가. 끝없는 배움의 길, 닿을 곳 없는 그 길을 겁 없이 걸으며 무엇을 얻으려는가.

2024년, 여든여섯이다. 하루는 여전히 똑같은 24시간뿐인데, 나는 언제까지 이럴 것인가. 새벽에 잠에서 깨어 다시 묻는다. 언제까지? 어디까지? 왜? 진정 나는 어디로 가고 싶은가. 살아가는 일은 정말 혼자서는 불가능한가. 왜, 어째서?

오늘도 혼자가 되기 싫어 이리저리 머물며 집적거린다. 나를 알아봐 달라고, 함께 끼워 달라고. 왜, 어째서 혼자서는 안 되는 것일까.

철학자들과 함께 하는 시간

나는 철학자들의 이름을 불러 모으며 묻는다. 소크라테스의 궁금해하는 법, 마르쿠스 아우렐리우스의 침대에서 나오는 법, 루소의 걷는 법, 소로의 보는 법, 쇼펜하우어의 듣는 법, 에피쿠로스의 즐기는 법, 시몬 베유의 관심 기울이는 법, 간디의 싸우는 법, 공자의 친절 베푸는 법, 세이 쇼나곤의 작은 것에 감사하는 법, 니체의 후회하지 않는 법, 보부아르의 늙어가는 법, 몽테뉴의 죽는 법.

나는 지금 내 앞에 펼쳐진 세상을 바라보며, 철학자들의 가르침과 내가 알아가는 천지의 이치를 겁 없이 비교해본다. 옳고 그름을 가늠하며 그들의 혼과 맞붙어 본다. 그러면서도 민망스럽고 죄송한 마음이 가득하다.

창밖 세월은 주룩주룩 내리는 비처럼 무심히 흘러간다. 아무리 궁리해도 붙들 수 없는 세월, 이 순간에도 유유히 흐른다. 나는 이부자리를 개켜 놓으며, 나 역시 그 세월에 실려 가고 있음을 새삼 깨닫는다. 옛날엔 시간이 모자라다는 말을 건성으로 흘려 들었지만, 이제는 안다. 내 이야기를 다 담아내기엔 시간이 참으로 부족하다는 것을. 아무리 서둘러도, 삶의 계산서는 하루가 끝나듯 반드시 마감해야 한다는 것을.

다시 일어서기

아침마다 눈 뜨기 바쁘게 무겁게 매달려 오는 것, 그것은 곧 생명의 재기(再起), 다시 일어섬이다. 멀고 먼 길을 지나 여기까지 나를 이끌어 왔고, 또 어디까지 이끌어 갈지 모르는 이 길.

생명은 끈질기게 고개를 들고 다시 일어서며, '살아 있음'을 세우기 위해 하루 종일 애쓰고, 꿈속에서도 몸부림친다. 오, 살아내려는 이 집착, 이 무서운 기운, 때로는 그 힘이 도깨비바늘처럼 거머리처럼 달라붙어 나조차 두렵게 만든다.

어제가 아닌 오늘, 낯설고도 새로운 시야가 펼쳐진다. 또 다른 세상, 또 다른 삶으로 나를 몰아가며, 나는 차렷 자세로 그 알 수 없는 무엇을 기다린다. 무엇 때문인가. 무엇을 위해서인가.

아무도 대신할 수 없는 내 몸 속에 깊이 파묻혀, 꾸중하고, 울리고, 호령하고, 다그치며 나를 만든다. 폐업의 시간이 문 앞에 닿았는데도, 여전히 나는 글자마다 획을 나누어 다시 맞춰 가며 이야기를 이어간다. 더 괜찮은 나를, 조금 더 온전한 나를 만들기 위해.

웃기며 울리는 세상

어제 억수같이 퍼붓던 비와 멱살 잡듯 흔들던 바람에도, 세상은 끄떡없이 견뎌내고 새날에 말끔히 씻겨 다시 내 앞에 웃음을 보인다. 오, 참으로 끈질긴 삶의 현장 앞에서 나는 절로 고개를 숙인다.

아무 일 없었다는 듯 하이웨이 위 자동차들은 줄지어 달린다. 그 끈질긴 삶의 행렬을 바라보며 나도 덩달아 서둘러 새벽 길에 선다. 이유도 없이 눈물이 글썽이고, 꾸중도 듣지 않았는데 공연히 서러워진다.

창밖 정원에서 빈 몸으로 돌아가는 바람개비를 보며, 괜히 울보 같은 내 모습이 부끄럽다. 다시 영혼에 기름을 치고, 아무렇지 않게 오늘의 문을 연다. 할 일은 없는데도 제법 바쁜 하루. 세상은 또 내 앞에서 재롱을 부리듯 웃기며, 울리며 다가온다. 인간의 무시무시한 눈총들, 마치 총알처럼 쏘아대는 그 시선들. 미운 사람은 없는데도, 공연히 미움을 앞에 세워 심술을 부리는 나를 본다.

세상은 끊임없이 많은 생각을 요구하며 나 혼자 가만히 있고 싶은 날에도 자꾸 말을 걸어온다. 멀리서 보면 분주해 보이는 세상, 그러나 실은 심심해서일까 아니면 지탱해 나가기가 지겨워진 걸까. 내가 무엇이길래, 세상은 자꾸 나를 찾아와 말을 거는 것일까.

제 4 장
이 순간이면 충분하다

멈출 수 없는 걸음

세상은 내 앞에서 바쁘게 달리며 나를 자꾸 끌고 간다. 나는 그저 끄는 대로 끌려가며, 누군가 모는 썰매에 올라타 하얀 눈길을 따라 어디론가 향한다.

날마다 마음을 똑바로 세우려 애쓴다. 까닭은 알지 못하면서도, 보이지 않는 신을 증인으로 삼아 종일토록 차렷 자세를 유지한다. 그러나 이제는 너무 피곤하다. 제발, 멈추게 해 달라. 내게 내린 '차렷 자세'의 명령을 이제는 거두어 달라.

삶의 매듭마다 간신히 지나 여기까지 온 나를, 나는 작은 목소리로 칭찬한다. 어깨를 토닥이며, "잘 왔다"고 위로한다. 하지만 세상은 여전히 내 이름을 불러 세우고, 소매를 잡아끌며 다시 어딘가로 데려간다.

도착한 자리마다 나는 이정표에 빨강, 파랑, 노랑 색색의 흔적 몇 자를 남긴다. 위태롭게 숨결 이어지는 이곳, 나는 여전히 길 위에 서 있다. 어디로 가는지도 모르면서 가고 있는 날, 왜 왔는지 왜 가야 하는지도 모르는 여정. 더 큰 의문 앞에 발이 묶여 주저해도, 걸음을 멈출 수 없다. 중력의 힘처럼, 삶은 나를 계속 앞으로 이끌어간다.

잠시 쉬어갈 수만 있다면

궁리하고 또 궁리해도, 나는 여전히 이 세상에 온 이유를 알지 못한 채 떠나야 할 것 같다. 긴 세월을 살아왔어도 풀리지 않는 의문, "왜? 무엇 때문인가?" 여전히 답은 없다.

사실은 천지가 이끄는 대로 왔다 가면 될 일이다. 그럼에도 철학자라도 된 듯 건방지게 의문을 던지며 목소리로 먼지 일으키지 말고, 그냥 조용히 길을 지나가라 타이르는 소리가 어딘가에서 들려온다. 그래야 할까? 바람과 손잡고 새처럼 자유롭게 훨훨 날아가야 할까?

오늘 나는 나를 넓은 천지에 풀어 섞어 본다. 존재의 이유를 찾아내라며 구석에 머리를 싸매고 앉아도 본다. 혹시라도 하나의 대답이 보일까, 들릴까 기다리며.

86년 세월을 살다 보니, 세상은 점점 비좁고 난폭해진 느낌이다. 훔치고, 속이고, 때려눕히고, 죽이는 일들이 가득하다. 창 밖으로 세월은 여전히 흘러가고, 나도 덩달아 따라가고 있다. 그러나 잠시 쉬고 싶다. 이쯤에서 멈춰 숨 고르고 싶다. 다리는 아프고 숨은 차오르는데, 세월이여 잠시만 멈춰 서지 않겠는가. 하루, 한 시간, 아니 1분, 1초라도 안 되겠는가. 어디를 향해 가기에, 왜 그렇게 바쁘단 말인가?

 이 순간이면 충분하다

세상 밖 아주 먼 곳에서 꾸는 듯한 이 꿈, 너무 길어 이제는 깨어나고 싶다. 여기저기서 이름이 불리는데, 나는 왜 안 되는 걸까. 문득 불쑥 올라오는 괘씸한 마음, "왜 나는 안 되지?"라며 이유를 따져본다. 아니 그냥 해본 말일 뿐, 내가 어찌 감히 그런 꿈을 꾸랴. 주제도 모르고. 다만 명예의 계단 한 칸이라도 더 올라가 보고 싶었던 우스운 나. 스스로를 손가락질하며, 시간 붙잡으려 애쓰는 정성과 노력에도 불구하고, 지금 모습 그대로는 정말 안 되는 걸까.

펜과 종이에 매달려 내 세상을 만들며, 넓은 세상 안에 또 하나의 세상을 지어놓는다. 나만의 세상에도 비가 오고 눈이 내린다.

복잡한 생각들을 모두 거느리고 무겁게 순간을 살아가는 길. 묵은 생각과 어린 생각, 모두를 짊어지고 순간을 위해 살아가는 모든 생명들. 바로 지금, 나는 새로운 시야로 세상을 바라본다.

삶은 매 순간을 걸고 살아가는 것. 다음 순간은 아직 내 것이 아니다. 곧 도착할 그 다음 순간마저도 내 것이 아니다. 삶은 언제나 불확실하다. 그렇기에 우리에겐 이 순간뿐이다. 이 순간이면 충분하다. 그렇지 않은가. 바로 지금 이 순간이면 족하다. 그렇지 않은가.

내일을 버리지 마소서

용케도 긴 순간들을 이어 여기까지 온 나, 오늘 이 순간 나는 나 자신에게 박수와 갈채를 보낸다. 끝없이 펼쳐진 하늘과 출렁이는 바다에 주인이 있다고 한다. 그분은 누구신가. 저 멀리 보이지 않는 곳에서 명령을 내리시는 분, 얼굴만이라도 보여주실 수는 없는가.

나는 특별하다고, 늙지 않을 거라 믿었던 지난날은 착각이었다. 내 머리칼은 이미 희게 물들고, 거울 속 주름살은 지울 수 없는 흔적으로 남았다. 바보 같은 고집, 어림없는 일이었다.

오늘은 두근거리는 가슴으로 아득한 추억 앞에 촛불을 켠다. 사랑했던 당신을 찾아가는 날, 비석 위 이름만 남은 당신에게 보이지 않는 꽃다발을 바치고, 햇살이 손뼉 치듯 반짝이는 자리에서 조용히 재회한다. 눈물 젖은 침묵 속에서, 보이지 않는 포옹으로 그간의 안부를 묻는다. 오, 세월이 남긴 발자취여.

새벽은 어김없이 나의 교실이 되어, 삶의 진리를 가르친다. 아직은 더 배우고 싶고, 더 알고 싶다. 그러나 글자는 희미해 이해하기 어렵다. 내일이면 알 수 있을까. 그러니 신이시여, 내일까지는 저를 버리지 마소서. 말끔히 세수하고 내일도 다시 기다리겠습니다. 내일까지는, 제발 저를 붙들어 주옵소서.

별빛 같은 삶의 선물

무수한 생명의 눈빛이 별이 되어 천지에 가득하다. 우리는 지금 어디를 향해 영롱하게 반짝이고 있는가. 어딘가에서 또 다른 존재가, 나처럼 반짝이는 눈빛을 별이라 부르며 감탄하고 있을까. 아주 먼 우주의 별에서, 동심 어린 아이가 나처럼 꿈꾸며 별빛에 젖어 있을까. 나는 그 아이와 대화를 나누고 싶다.

볼품없는 나에게 주어진 이 벅찬 세상, 내가 무엇이길래 이런 선물을 받은 것일까. 이제야 깨닫는다. 가슴 벅찬 이 모두가 내게 안겨진 선물임을.

만약 내가 꽃이라면, 무슨 꽃이 되고 싶었을까. 어떤 향기와 어떤 색으로 피어나고 싶었을까. 생각해보니 나는 꽃이 되고 싶었는지도 모른다.

옹기종기 모여 사는 삶, 오손도손 속삭이는 모습은 마치 보글보글 밥 짓는 소리 같다. 새벽에 내가 세어가던 불빛 중 몇은 이미 꺼져 떠나갔지만, 그 옆에서 또 다른 불빛이 이름표를 달고 싹을 틔우고 있지 않은가. 언젠가 이 세상도 나를 따라 사라지겠지만, 삶을 찬양하는 내 노래는 그날까지 이어질 것이다. 모두가 함께 꺼져 버릴 언덕 아래 마을을 향해, 나는 오늘도 노래한다.

감사의 눈물로

길고도 긴 세월이 흘렀다. 천지가 내 것이라 믿으며 살아온 날들, 그 긴 세월에 묻혀 지났는데도 오늘은 왜 이토록 낯설게 느껴지는 걸까.

내 것은 아무것도 없다. 땅 위에 굴러 떨어진 밤 한 톨처럼, 내가 무엇을 잘못했기에 쌀쌀맞은 바람만이 내 곁을 스쳐 지나간다. 하지만 누구도 모든 것을 잘할 수는 없는 법, 이제는 헤아릴 수 없는 수많은 꿈들 중 단 하나에만 매달리고 싶다. 정성을 다 쏟아 깊이 빠져보고 싶다. 그래서 나는 오늘도 다시 분발한다.

천지의 조화 속 아름다운 정원에서 살아온 날들, 그것이 곧 벅찬 행복이었다. 꽃동산에서 꿈꾸던 시절은 이미 지나갔지만, 그 동산에서 살아온 지난날은 감사로 흠뻑 젖어 다시금 그리움으로 다가온다.

세월을 향해 고마움을 고백한다. 기쁨에 젖어 눈물이 뺨을 적시며, "고마웠다, 세월아." 이미 알고 있던 감사가 아니라, 더 짙고 더 무거운 감사다. 그래서 눈물은 두 배, 열 배, 백 배로 깊어졌다. 비록 선잠 사이에 주절거린 말 같지만, 불태워버리기엔 아까운 고백, 그것은 여전히 내 삶을 지탱하는 소중한 진실이다.

기다림 앞에서

내게 이미 정해진 그 길, 혹시 보일까 하여 세상 밖을 기웃기웃 둘러본다. 꼭 어딘가에 있을 것 같은 그 길이다. 글쎄, 그것을 안다고 어찌할 수 있겠는가. 그래도 알고 싶다. 어쩌다 보니 갈수록 휘갈겨지는 나의 글씨, 여전히 모르는 것들로 채워간다. 저 멀리서 서서히 밀려오는 검고 컴컴한 곧 쏟아질 것 같은 구름, 일기예보처럼 나는 이미 알고 있었으면서도 또 놀란다. 이 세상이 영원하지 않음을 진작 알았으면서도, 왜 이제 와 징징거리나.

새벽은 어김없이 나를 흔들어 깨운다. 일어나야겠지. 천지만물 속에 섞인 작은 빛살 하나로 이 순간을 장식하며, 그래도 은근한 자랑스러움에 어깨를 으쓱해 보는 아침, 무엇을 더 바라겠는가. 이것이면 충분하다. 이제는 가만히 기다려야 한다. 아무 쓸모 없는 사심은 멀리 던져버리고, 조용히 그저 기다려야 한다. 그것으로 족하다.

저 언덕 아래 마을, 무수히 반짝이는 인간들의 눈빛이 얼핏 보인다. 전에는 미처 생각하지도 알아보지도 못했던, 매섭고 두려운 군상들의 눈빛이다. 깊은 구덩이에 빠진 듯 오물거리며 움직이는 그 시선들.

제각각 간구하는 눈빛으로 내일을 향해 매섭게 굴러가는 저 무수한 눈동자들. 나는 미처 몰랐고 미처 보지 못했다. 소름이 끼치도록 무섭게 쏘아내는 저 눈빛들을.

기다림의 한 수

겉으로는 얌전히 제자리를 지키는 듯 보이지만, 화초들은 부지런히 자기 길을 걸어가며 송이송이 꽃을 피운다. 내 침실 한 켠에서 조그만 몽오리들이 꼼지락거리며 열어 보이는 생동하는 어여쁨. 그 앞에서 나는 '기다림의 한 수', 기다림의 큰 뜻을 또다시 배운다. 사방에서 나를 떠받쳐 이 자리에 세워주는 천지, 만류인력의 힘으로 내가 존재하고 있음을 깨닫는다. 그래서 나는 천지와 만물, 심지어 작은 미생물들에게조차 고개 숙여 감사를 전한다.

절간 공터의 이른 아침 산책길, 온 만물이 하나 되어 꽃 한 송이를 피워낸 듯 펼쳐진 세상은 눈부시게 아름답다. 마치 처음 대하는 듯한 감격 속에 다시 묻는다. 왜 이제야, 왜 이렇게 늦은 세월에야 이 아름다움을 알게 된 것일까. 우리는 모두 한 줄기에서 피어난 꽃처럼, 천지에 흩어져 피워낸 존재들이 아닌가.

그런데 왜 모두 상을 찡그리고 있는가. 어디가 아픈지조차 모른 채 끙끙 앓고 있는 우리, 나를 따라 세상도 시름시름 앓고 있다. 어쩌면 내가 너무 오래 머물렀던 탓일까.

닥쳐오는 매 순간들을 맞아내느라 여유조차 없이 팍팍하게 살아온 날들, 그러나 그 순간들이 곧 삶의 전부임을 깨닫는다. 상념으로 무겁게 짓눌리는 뇌, 전신을 짓누르는 무게 속에서 멀리서 갸날프게 울려오는 음성, 모차르트와 차이코프스키의 선율 같다. 이제 나더러 더 어쩌란 말인가. 터져 나오는 울음을 가까스로 삼키고 있는데, 바닥에 엎드려 울고 있는데.

삶이라는 요술

침실 창 너머로 보이는 산과 바다, S.F.의 빌딩들, 하이웨이 80을 달리는 자동차들, 가득 널린 가옥들 모두 눈앞에서 한 줌만큼 작아 보인다. 우리가 '세상'이라 부르는 그곳은, 마치 누군가 우리를 골리듯 부려놓은 마술 같다. 내가 서 있는 이 자리가 가장 크게 보이는 지금, 그래서 나는 이 순간이 가장 중요하다. 삶이란 요술과도 같은 것, 순간의 도박처럼 쫑쫑 이어지는 삶은 전부 마치 요술 같다. 눈길이 닿는 곳마다, 발길은 닿지 못하는 비애가 있다. 인간은 시초부터 애달픔을 껴안고 태어난 존재다. 아쉬움이 소낙비처럼 쏟아져 내리는 이곳에서 나는 바란다. 신께서 애초부터 인간을 아쉬움 없이 창조하셨더라면 얼마나 좋았을까. 닿지 못하는 발길과 손길, 그리고 끝내 닿지 못하는 마음의 길까지 모두 환히 열어놓으셨더라면 얼마나 좋았을까.

욕망에 이르지 못해 고뇌하는 생명들을 신께서 어찌 모르실까. 내게 주어진 삶 그대로 안겨진 삶 그대로, 나는 이제 순한 마음으로 살겠다. 신께서는 그런 나를 나무라지 말아 주시라고 나는 이미 그렇게 고백해두었다.

창을 통해 보이는 모든 것들이 난쟁이처럼 작아진 천지, 아예 보이지도 않는 수많은 창조물들을 향해 우리는 그것을 '세상'이라 부른다. 내가 서 있는 이곳이 가장 커 보이는 지금, 나 자신이 가장 중요해진다. 요술도 이런 요술이 있을까? 생각해보니, 삶 자체가 요술이다. 순간순간 이어지는 마술 같은 삶, 모든 것이 곧 요술이었다.

똑바로 줄 서는 연습

청하기 전, 미리 모든 것을 다 주셨더라면 얼마나 좋았을까. 왜 그러지 않으셨을까. 무슨 연유였을까. 우리에게 무엇을, 어떻게, 어디로 가라 하시려는 것일까. 왜 편안히 이 세상만 다녀가게 하실 수는 없었을까. 다음 세상이 더 험하고 더 힘들기에, 이 훈련이 필요한 것일까.

오늘 나는 '똑바로 줄 서는 연습'이 지금 내게 필요하다는 것을 깨닫는다. 오른쪽으로, 왼쪽으로, 앞으로, 뒤로, 혼자서 줄을 서 본다. 참으로 쉬워 보이는 일이 왜 이렇게 어려운가. 이 늦은 지금 시간에 시작하는 줄 서기라니.

똑바로 서야만 배가 뒤집히지 않고, 앞으로 나아갈 수 있다고들 말한다. 그렇다면, 줄 서면 되지 않겠는가. 그러나 작은 공 하나 제대로 굴릴 힘도 없는 내가, 이제 와 큰 공을 굴리고 싶어하는 건 또 무슨 욕심인가.

돌이켜 보면, 아는 것 하나 없는 작은 생명체가 바닥에 엎드려 허무의 주판알만 굴려온 세월. 나는 어디를 그토록 가고 싶어 보이지 않는 줄에 매달려 기어오르려 했을까. 긴 듯 보이는 한 평생도, 영혼이 깨어 살아 있는 순간은 너무나 짧았다.

무늬 없이 지나온 생애는 멀리서 보니 초점 잃은 그림 같고, 허허로운 벌판에 허수아비처럼 세워져 있다. 떨어지지 않으려 간신히 매달려 있는 줄 위에서, 나는 오늘 아침 간절히 구한다. 마지막만은 착한 인간으로 이곳을 떠나게 해 달라고.

무엇을 겨누며 마음을 꽁꽁 묶고 있는가. 무엇을 겨냥하며 총알처럼 기다리고 있는가. 내 마지막은 총성이 아니라, 소박한 선함으로 남기를 기도한다.

빈 하루의 길

생명마다 모두 살아갈 길을 찾느라 고개를 갸웃거리며 분주하다. 사방에서 불타는 듯 치열한 눈빛들, 마치 하늘 아래 반짝이는 별들 같다. 그 무리 속에 나 하나도 보태져 있다. 나는 그저 내 자리 지키기만 해도 괜찮은 걸까.

"슬퍼하지 마. 바보처럼 울지도 마. 제발." 스스로 다짐하며 또 하루를 맞는다.

겁 없이 사방에서 몰려드는 생각들을 껑충껑충 뛰어넘으며, 오늘은 올 사람도 만날 이도 없지만 다시 몸과 마음을 추스르고 텅 빈 길 위에 홀로 서 본다. 부를 이름 하나 없어도, 나는 그 자리에 선다. 노인의 하루는 무작정 기다림으로 흘러간다. 무엇을 찾는지 모르면서도 다시 길을 나선다. 풀잎마다 괜스레 손 대어 집적거리며, 빈 걸음을 옮긴다. 늦은 인생길 돌아 돌아서, 텅 빈 하루가 모퉁이를 돌아 사라져 간다.

 노래가 두드리는 가슴

어쩌다 붙들린 존 레논의 노래 〈Imagine〉. 그 선율과 가사가 내 가슴을 두드린다. 천국도, 지옥도, 국경도, 종교도 없는 세상, 평화를 갈망하는 그 노래는 여전히 내 마음을 울린다.

이어 들려온 윤도현의 〈긴 여행〉. 오랜 시간 잠에서 깨어나듯, 지나온 세월을 돌아보게 한다. 잊혀진 이름, 두려운 시작과 끝, 그러나 여전히 붙들고 있는 나의 세상, 나의 친구들.

노래는 언제나 내 삶을 흔들고 위로한다. 가사는 곧 질문이 되고, 멜로디는 곧 답이 된다. 나는 오늘도 그 노래들 속에서, 두렵고도 아름다운 내 삶의 긴 여행을 다시 걸어간다.

 별을 잃은 자리에서

천지를 빈틈없이 생명으로 채워 놓으신 분은 누구신가. 무엇을 겨냥하시며 이 걸작을 이루셨는가. 끊임없는 생명의 돌림 속에서 세상은 오늘도 장엄히 이어지고 있는데, 나는 무엇을 해야 하는가.

별과 벗하던 시절을 떠나 대도시의 하늘 아래로 들어온 후, 나는 변했다. 별빛이 보이지 않는 이곳에서 헝클어진 마음을 수습하기란 쉽지 않다. 그럼에도 나는 그저 '나'로 남고 싶다. 그러나 현실은 늘 낭패스럽다. 원고가 쌓여 있는 책상, 벤치에서 펼쳐 드는 책, 서툰 우쿨렐레 연습, 작은 일상들이 나를 채찍질하며 또 하루를 밀어간다. 나는 오늘도 묻는다. 어떻게 살아야 잘 살았다고 말할 수 있을까. 빛 대신 만물의 눈빛을 따라, 내 심혼에 불을 밝히고 용히 오늘을 살아간다.

자유인으로 사는 법

새벽, 조용히 생의 광장에서 누군가 나를 손짓해 부르는 듯하다. 그 길로 발을 옮기며, 수십 년을 살고도 여전히 아득한 세상 앞에 마치 처음 선 듯 서 있다.

시간은 차렷 자세로 나를 세우고, 아무도 시키지 않았는데도 나는 애써 그 앞에 선다. 목숨 걸고 나 자신과 맺은 약속을 지키기 위해서일까. 생명은 모두 상처에 숨을 불어 넣어주듯 삶을 보듬고 돌본다. 그러나 나는 또한 자유인이다. 제멋대로 헤엄치며 어디로든 나아갈 수 있는 존재다. 갈래 갈래 열린 길 앞에서 나는 오늘도 춤추듯 서 있지만, 내일의 나를 약속할 수는 없다. 그래서 오늘이 가장 중요한 날이다. 이 순간을 놓치지 않고 촘촘히 채워야 한다.

삶의 끝에는 누구나 무덤이 있고, 그 앞에 비석 하나가 남는다. 우리는 사랑을 전하고 후손에게 세상을 당부하며 떠난다. 그것이 삶의 반복일까, 아니면 그 이상의 의미일까. 세상은 날마다 다른 말을 건넨다. 슬프다 하다가도 기쁘다 하고, 색색의 빛으로 나를 물들이며 비웃는다. 나는 오늘도 세월의 샛길로 몰래 들어간다. 진정한 뜻을 찾아내기 위해, 숨죽여 조심스레 나아간다.

제 3 부

세월의 강을 건너며

제1장. 다시 일어서는 연습

제2장. 오늘이라는 내일

제3장. 내 마음은 아직도 꽃밭에

제4장. 조심스레 나를 다루며

제 1 장

다시 일어서는 연습

삶의 코스를 바꾸는 여정

이 길은 아니구나 싶어, 나는 새 옷으로 갈아입고 반듯이 앉아 기다려 본다. 빈칸을 남겨둔 삶의 여백 속에서 눈을 감고 귀를 세우며, 다가올 무엇인가를 붙잡으려 애쓴다. 그러나 투덜거림만으로는 답이 되지 않는다는 깨우침, 다시 방향을 바꾸라는 내면의 명령이 자꾸만 나를 일으킨다.

내일, 세상의 문은 다시 열릴까. 갈아 끼운 렌즈의 돗수가 기다림을 충족시켜줄까. 어떤 모형의 세계가 또 얼마나, 어떻게 나를 놀라게 할까. 나는 스스로의 뺨을 후려치며 깨어 있으리라 다짐한다. 니체가 말했듯, 여백은 무언의 과도기이며 삶의 흐름이 새로운 방향을 틀어가는 지점이다. 현실은 때로 가짜처럼 덧없고, 고통과 외로움, 욕망과 결핍이 끝없이 솟구치지만, 세계는 미적 현상 속에서만 정당화된다. 웃음을 배우며, 학문과 예술과 철학이 내 안에서 자라나는 지금, 나는 또 다른 여정을 준비한다.

하늘로 옮긴 마음

땅 위에만 뛰놀던 마음을 하늘로 옮겨 넣어 보이지 않는 속을 더듬기로 결심했다가, 그만 겁이 한꺼번에 몰려오는 순간이 있다. 아무것도 보이지 않는 곳에 마음을 놓자, 겁에 질려 숨이 멎는 또 다른 순간이 찾아온다. 어느 새벽, 언덕 위 절간에서 두 손을 모아 눈을 감고 부처님 앞에 서서 '나무아미타불'을 읽는다. 극락왕생을 기원하는 염불이라 하고, 아미타불은 무량수·무량광으로 묘사되어 인간 구제에 온 힘을 다하는 존엄이라 한다. 의지하며 구원을 청하는 그것이 불교 신앙의 근본이라면, 나는 다시 성경으로 돌아가 오늘의 주제를 펼쳐본다.

<오늘의 주제: 주인인가, 청지기인가?>

"모든 것을 지으신 신실하신 창조주 하나님, 오늘 주신 선물로 이 삶을 살게 하소서." 그 기도만으로 충분한가. 만약 그렇다면 이 삶은 너무 평범하고, 너무 밋밋하며 재미가 없다. 왜 우리는 늘 성공해야 한다고 믿는가. 그냥 빈손으로 와 빈손으로 가는 것 아닐까. 강물처럼, 세월처럼, 파도와 바람 따라 흘러가며 주어진 대로 살다 가면 되는 것 아닐까.

발걸음을 멈추고 생각의 지점에 머문다. 삶을 가만히 들여다보고, 낯선 얼굴로 '나'를 다시 만난다. 이름을 확인하고, 이러는 내가 진짜인지 살핀다. 매서운 눈으로 '나'를 비추며 묻는다. 이제 와서 어쩔 것이라고, '나'는 무엇을 하려고.

손잡고 건너는 새벽

혼자라 대단해 보이던 자리에서 옆으로 비켜나니, 아주 작은 '나'가 보인다. 그 깨달음에 가슴이 황송해지고, 내 안에 섞여 이루어지는 삶과 함께할 이들에 대한 겸손과 감사가 조용히 일어난다. 혼자선 도저히 엮을 수 없는 이 얽힌 삶에, 무궁한 감사의 탄성이 내게로 밀려온다.

모두와 손잡고 웃음을 나누며 걸어가고 싶은 세상, 헝클어진 풍경 속에서도 밤에는 사랑이 꽃피고 낮에는 새싹이 돋는다. 조금 달라진 세상이 아침 옷을 갈아입고 조용히 모습을 드러낸다. 울음과 웃음이 섞여 서로 손을 맞잡고 나아가는 또 하루가 온다.

언덕 아래로 바람이 빠지는 풍선처럼, 세상은 물음표로 가득 차 있다. 나는 무엇이며 왜 여기 서서 기다리라 하는가. 새벽이 '일어나라' 재촉하면 나는 일어나 또 기다린다. 시간이 줄을 이어 내게로 오고, 그 시간은 나를 싣고 어디론가 데려가려 한다. 시키는 대로 등을 내어주고 엎드린다. 적어도 내일까진 이렇게.

귓가를 스치는 바람의 소리는, 오래 묻어둔 소원들에 대한 희미한 응답 같다. "아직은 아니다, 기다려라." 그 목소리 따라 또 하루가 뜨고, 저문다. 천지의 고요 속에서 피리 소리처럼 외로이 돌아오는 날들, 그 모든 시간 속에 나는 서 있다. 바다가 바위를 끊임없이 매만지는 이유조차 알 수 없지만, 그 모른 채 흘러가는 삶조차 아름답다. 만물은 말없이 서로를 지켜보고, 텅 빈 인생 길은 홀로 서 있는 듯 외롭다. 봄·여름·가을·겨울, 계절은 발자국 소리를 줄이며 지나간다. 모두에게 이렇게 속삭인다. "기다리라.” 무엇을 기다리라는 것인가, 나는 묻고 또 묻는다.

 피리소리 따라 훨훨

훨훨 날아가고픈 마음은 어디로든 가고 싶어, 어디인지는 모른 채 그저 날아가네. 무엇을 찾는지 묻지도 못하고, 모르면서도 무조건 가는 이 못난 사람아. 정처 없이 떠돌며 남의 자리를 탐내고, 공연히 슬퍼져 처량한 피리를 찾아 나서네. 피리 불 줄 모르는 주제에 일부러 슬픔을 불러오는 나그네, 이 못난 사람아.

익숙한 길들은 닫혀 있고 먼 길 돌아가야 하는 걸 알면서도, 다시 돌아갈 수 없는 길 앞에서 울먹이는 나, 이 못난 사람아. 사방에 퍼져 흐르는 구슬픈 피리 소리, 그 음율이 천지를 감싸 안을 때 나는 조용히 내 마음을 그 위에 실어 보낸다. 텅 빈 절간에 나를 띄워 두둥실 피리소리를 찾아 하늘을 난다. 슬픔의 경계를 지나, 그 호사를 누리는 내가 부끄럽기도 하다. 그저 피리소리가 좋아서, 오늘은 멀리 정처 없이 떠나본다.

구름이 용트림하는 하늘 아래 생명들은 보랏빛으로 조용히 기다리고, 우리는 허무 위에 다리를 놓으려 땀 흘리며 보이지 않는 것을 쫓는다. 매일 꿈을 그리며 인내로 기다려준 천지에 나는 겨우 머리 숙여 감사한다. 천지의 주인이여, 나를 보시는가? 황송해 어쩔 줄 모르는 이 마음을 보시는가?

슬픔의 행렬

무엇 때문에 저 피리소리가 펼쳐지는가? 넓은 평원 위에 양떼처럼 모여든 슬픔의 형상들 천지가 그 음에 이끌려 정처 없이 걸음을 떼는구나. 누구도 나를 울릴 말 하지 않았건만 왜 이토록 가슴이 젖는가? 바람 타고 온 저 피리소리 속에 옛날의 목소리, 님의 숨결이 섞여 있었던가? 슬픔은 내게 등을 기대라 한다. 싫다 해도 혼자 걸을 수 있다 해도, 어느 정거장에서 다시 기쁨을 기다리라 손짓한다.

멀리 별이 불을 켜고 누군가 날 기다리는가? 먼저 떠난 님인가, 외로이 반짝이는 저 빛인가? 쫓아내도 돌아오고, 밀어내도 붙드는 이 못 말릴 슬픔은 무엇 때문에 왜 자꾸 나를 끌어당기는가?

배고프지도, 집이 없지도, 몸이 불편하지도 않은데 왜 공연한 투정이 이는가? 철없는 그리움인가, 인생의 열차는 역들을 지나며 내 가슴엔 그리움 하나 무겁게 안겨 있다.

민들레 씨앗들 바람에 흩어져 자리를 찾듯 이 세계는 빈 것들로 채워지고, 허무의 그림자 드리운다. 저 슬픈 피리소리여, 그만 울려다오. 나는 이미 한때 꽃 피우고 춤추던 시절을 기억하니, 꽃은 피었다 지고 정거장 이름도 잊혀지려 할 때 나는 묻는다. 여기 이름이 무엇이었더라, 그리고 또 묻는다. 나는 누구였더라, 무엇을 기다렸더라?

죽음을 대하는 연습

몽테뉴는 말한다. 죽음은 우리를 모두 철학자로 만든다고, 삶의 모든 지혜는 결국 죽음을 두려워하지 않는 법을 배우는 데로 모인다고. 태어나기 전 우리는 없었고, 죽으면 다시는 없을 것이다. 두려운 것은 죽음 그 자체가 아니라, 죽음까지 흘러가는 과정의 공포라고 그는 쓴다. 슬픔은 사람을 무너뜨리고 또 창조한다.

무굴제국의 황제가 사랑을 기억하며 타지마할을 세운 것도, 밀턴이 『실낙원』을 쓰게 된 것도, 몽테뉴가 탑 꼭대기 계단을 오른 것도 모두 슬픔이 불어넣은 힘이다. 죽음은 어쩌면 끔찍한 것이 아니라, 꿈도 꾸지 않는 고요한 잠일 수 있다. 잘 죽으려면 잘 살아야 하고, 자신을 모르면 삶을 온전히 살 수 없다.

“나는 나에게 나 자신을 보여주었다.” 죽음을 회피하면 다른 기쁨들도 함께 사라진다. 철학 하는 것은 곧 사는 법을 배우는 일이다. 문이 닫혔나 확인하려면 밀어보아야 하듯, 죽음이라는 문도 한 번쯤 밀어볼 필요가 있다. 죽음의 연습은 불가능하나, 존재를 인정하면 삶은 더욱 풍성해진다. 매일을 마지막 날인 듯 살라. 그렇다면 뜻밖의 시간들조차 감사로 채워질 것이다. 스스로를 믿고 놀라워할 줄 알라. 자기 자신을 간질이며 가능성의 문을 활짝 열라. 좋은 죽음은 좋은 삶의 끝에 온다.

피리소리에 실린 기다림

훨훨 날고 싶은 마음이 어딘지 모를 곳으로 나를 몰아간다. 무엇을 찾는지 모르면서도 날아가고, 그 무지함에 스스로를 꾸짖는다. 정처 없이 떠돌며 남의 자리를 탐내고, 피리 소리 하나에 옛 그림자와 님의 목소리가 실려 와 가슴을 저민다. 피리를 불 줄도 모르면서 슬픔을 찾아 나서는 나그네, 이 못난 사람아, 라고 스스로를 부른다.

익숙한 길은 닫혀 있고, 돌아갈 수 없는 길 앞에서 울먹인다. 사방에서 흘러나오는 구슬픈 피리 소리들은 천지를 메우고, 그 음은 내 마음을 실어 저 먼 정거장으로 데려간다. 텅 빈 절간에 나를 띄워 두둥실 떠오르면, 피리소리에 실려 하늘 아래를 떠도는 마음의 호사가 시작된다. 슬픔을 넘어서 그 소리에 기꺼이 기대는 내 모습이 부끄럽기도 하고, 동시에 묘한 위안이 된다.

우리는 허무 위에 다리를 놓아 건너려 땀 흘린다. 보이지 않는 것을 잡으려 달리면서도, 매일 꿈의 그림을 그려 반짝이는 눈빛으로 인내해준 천지에 고개 숙여 감사한다. 민들레 씨앗처럼 흩어진 삶들, 허무의 그림자가 길게 드리운 이 세상에서 나는 묻는다. 누가 나를 기다리고 있는가, 어느 별빛이 나를 부르는가.

몽테뉴가 말했듯 죽음의 인식은 삶을 풍성하게 한다. 죽음을 두려워하지 않으려 애쓰는 동안 삶의 소중함이 더 선명해진다. 이제는 피리소리마저도, 그 절절함마저도 내가 살아있다는 증거임을 안다. 마지막 인사를 준비하며 뜨거운 눈물을 흘리고, 나는 내 안의 다른 마음들을 들여다본다. 다른 이의 마음에 잠시 머물고 싶어도 그 주인은 내가 아니기에 불가능함을 알면서도, 오늘은 그 마음으로 가득 차고픈 날이다.

도시로 이사 와서 사람들의 그림자 속에 섞이는 일이 얼마나 힘든지 깨닫는다. 하루와 하루 사이의 틈이 벌어지고 삶의 결 맞추기가 고단해질수록, 나는 더욱 조심스럽게 유종의 미를 바란다. 억만 개의 숨결로 이어진 이 반짝이는 살아있음의 소중함을, 이제야 깨닫는다. 우리는 어쩌면 미쳐야 원하는 곳에 닿는 법을 배운다. 그 끝에 가 닿을 것인지 망설이면서도, 나는 여전히 그곳을 향한 설렘을 안고 날아간다. 그곳이 그렇게도 좋은가, 라고 자신에게 묻는다. 그래도 가고 싶다, 라고 대답하는 마음으로.

오늘 여기에 서다

오늘은 '나'가 여기 서 있다. 낯선 삶의 움직임이 천천히 펼쳐지는 자리에서 길을 잃어본 그 어디쯤, 지금은 이미 너무 늦어버린 저녁 무렵이다. 해는 뉘엿뉘엿 지고, 외로움이 둥근 공처럼 벌판을 천천히 구른다. 슬픔의 옆구리에 봄빛이 간지럼처럼 스며들면, 그래도 어쩔 수 없이 미소가 번진다. 누군가 자꾸 나를 재촉하듯, 나는 무엇인가를 적어 남긴다. 한 생명의 길, 그 마음의 궤적을 남기는 날이다. 어리석다 한들, 그만큼의 시간이 남아 있기에 나는 쓴다.

어디까지 갈지는 아직 모르겠다. 지금은 그저 여기서 혼자라 해서 스스로를 버릴 수는 없다. 사람들이 잊어갈지라도 나는 나를 놓지 못하리.

쓸모 없다 느껴지는 날에도 매달리는 호소와 울부짖음을, 조심스레 인생 수기의 한 페이지에 담아둔다. 저 펼쳐진 세상은 질문과 답을 진지하게 마주한다. 가끔은 나를 골려대며, 가늘게 침으로 콕콕 찌르는 듯 괴롭힌다. 오늘은 만사 제쳐두고 담판을 지어 보려, 나는 눈을 부릅뜬다. 고속도로 짐꾼 같은 자동차들에게 너희는 무엇을 위해 달리느냐 묻는다.

동녘 햇살의 명령에 만물이 순종하듯 나도 다시 배운다. 삶은 이 순종의 놀이였구나. 찬란한 빛 아래 머리 숙인 인간의 모습, 다시 보니 그것이 우리였고, 바로 나였다. 이 세상 지킴이의 한 사람, 내가 주저앉아선 안 된다. 작디작은 자리라도 나는 이 세상을 지켜나가는 주인, 우리 인간들이 바로 그 주인임을 깨닫고 조심스레 다시 일어선다.

꺼지지 않는 작은 등불

'나' 아직 꺼지지 않은 작은 등불, 뒤늦은 날이라도 기뻐한다. 살아 있음에 여기에 있음에, 세월이 내 손 잡고 여기까지 데려온 것에 감사한다. 되돌아보니 기운차고 환했던 날들, 사랑으로 감싸주던 순간들이 보석처럼 빛났다.

슬픔만큼 기쁨도 있었던 세상, 세상아 고맙다. 인간의 마음은 얼마나 약한가. 한 곡조의 음악에도 흔들리고, 기쁠지 슬플지조차 정하지 못한 채 강물처럼 곡조 따라 흘러간다. 그러나 이제는 행진곡이 필요하다. 내일을 향해 미래를 향해 뚜벅뚜벅, 힘차게 아침을 열고 나아가야 한다. 창밖에 깔린 불빛, SF Bay의 마을, 작은 마음이지만 큰 위력으로 흔들어

본다.

인간이라 불리는 존재, 그 무시무시한 생명의 힘! 그러나 시도 때도 없이 몰려드는 슬픔은, 언제나 저 먼 곳에서 불어오는 가냘픈 피리소리 때문이리라.

다시 일어서는 연습

기쁨도 슬픔도 결국 모두 지나간다. 그러니 걱정할 일이 무엇인가, 크게 한 번 웃어 넘겨보라. 살고 죽음 사이, 삶은 어쩌면 그저 숨 쉬는 일일 뿐이다. 창가의 난초 한 송이 피우기를 바라는 마음, 그것이 바로 삶인지도 모른다. 우리는 늘 다음 순간을 기다리며 하루를 주워 담는다.

창문으로 쏟아져 들어오는 세상은 내가 알던 세상과 달랐다. 그럼에도 이기는 힘은 분명하다. '나' 아직 살아있다는 사실이다. 무섭고 겁나도 다시 일어서 연습해야 한다. 이 삶을 헛되이 버려둘 수 없기에, 시간의 계단을 하나씩 올라가며 만져본다. 잠 속에서도 순간을 쌓아 올리는 나의 손길, 죽기 살기로 시간에 매달리는 생명의 간절함이다.

한 장의 삶을 노트에 떨궜다고 해서 끝나는 것이 아니다. 파도가 들락이는 해변처럼 시간은 오가고, 나는 그 물결에 실려간다. 무한히 이어지는 이음 속에 내가 섞여 있음으로 나는 결코 무(無)가 될 수 없다. 그래서 세상 앞에 공손히 꿇어 앉아 순종의 마음으로 나를 돌아본다. 얼마만큼의 노력과 눈물, 착함과 희생, 사랑과 용서가 있어야 "잘 살았다"라 말할 수 있을까. 답을 모르지만, 묻는 그 자체로 나는 여전히 걸어간다.

방황의 단비

나는 어디서 와서 어디로 가는가? 여든여섯의 나이에도 아직도 모르는 이 자리, 가득한 듯 텅 빈 듯한 이 세상, 내가 진짜 서 있는 곳은 어디인가? 주위의 생명들, 낯설고 익숙한 얼굴들, 어느새 나는 또 누군가 되어 겁에 질리고, 내 그림자에 올라탄 밤은 다시 천지를 향해 묻는다. 나는 누구인가?

새와 바람과 파도와 풀벌레, 웃음소리마저 묻혀 있는 이곳, 사람들은 업고 업히며 거대한 삶을 일구고 눈물겨운 용맹으로 떨어지지 않으려 꽉 매달려 산다. 삶의 과제는 큰 포부일 것이다. 간절함과 이루려는 노력이야말로 삶의 힘이자 이유, 그 포부가 나를 지탱해 주었음을 나는 알고 있다. 그러나 변덕스러운 나는 다른 말을 또 한다.

바람아 그만 불어라. 세상은 나를 텅 빈 벌판으로 데려가고, 새벽의 도시는 차갑고 무섭다. 나는 그 휑한 곳으로는 가지 않으리.

이 썰렁한 새벽에 남아 있을 줄 몰랐으나, 제 시간에 떠나지 못해 여기서 있는 지금 나는 묻는다. 여기서 나는, 무엇을 이루려 하는가?

쉬어갈 자리

어디에 내 마음 푹 쉴 곳이 있는가? 이 넓은 천지 속에서 바람처럼 훨훨 날지 못하는 나는 누구인가? 내가 나를 다스리지 못한다면 그 까닭은 무엇일까? 나는 나의 주인이 아니란 말인가? 무엇이 나를 붙들고 놓아주지 않는가. 그것은 미련일까, 아직 남은 숨결일까, 아니면 불안이 스스로를 안고 도는 끝없는 원인가? 나는 그 경계에서 여전히 머물러 있다. 그러나 오늘은 마음의 목소리보다 한 걸음 먼저 길을 떠난다. 겁을 무릅쓰고 뚜벅뚜벅, 내게 '괜찮다'고 말하며 걸어본다.

어디쯤 햇살이 잘 드는지 찾아 나서는 하루. 이곳도 괜찮다. '나'는 만드는 것이라 배웠건만, 지금의 나는 내가 원하던 그 '나'에 턱없이 모자라다. 시간은 줄어들고 힘은 바닥나고, 남은 날이 급해질수록 초조해진다. 이대로는 안 된다, 나는 곧 낭패라고 외치다 다시 스스로를 일으킨다. 주저앉으려는 나를 억지로 끌어 앞으로 보낸다. 아직 조금 더 나아갈 수 있다 믿으며 어깨를 펴고, 낡은 자존심으로 나를 세워 전진한다. 부서진 두려움 사이로 한 걸음씩 춤추듯 나아간다.

내가 빚어온 세월

나, 지금 무엇을 하고 있는가? 어제는 청색이었고 오늘은 빨강, 또 분홍과 보라를 지나 노랑과 회색, 때로는 검은색이 덧입혀진다. 세월이 나를 다듬는 줄 알았으나, 내가 세월을 빚어왔다. 끓어오르는 노력으로 쌓아 올린 하루하루, 그것이 나였다. 생각의 줄이 이어진다. 쇠약한 몸과 위태로운 생각이 서로를 잡아당기며 줄을 잇는 모습, 멈춰 서서 그 줄기를 들여다본다.

목숨이 이어 있는 한 생각을 떼어낼 수 없음도, 그 어리석음이 곧 나인 것도 안다. 모르는 것들이 태산처럼 쌓인 앞에서 서성이다 시간을 허비하고, 시작의 문을 두드리지 못한 채 주위를 맴돈다. 파도처럼 오가는 하루들 속에 섞여 있다는 사실이 나를 무너뜨리지 못하는 것을 본다. 무(無)가 될 수 없기에, 나는 다시 세상 앞에 공손히 무릎 꿇는다.

한때는 세상이 나를 앞서 달아나는 것 같아 슬펐으나, 이제는 그 자리로 당당히 나아가리라. 주뼛거리지 않고 온몸을 활짝 열어 세상 앞에 이름을 새기고 싶다.

아침 산책의 사유

정글 속 헤매던 생각들이, 아침이 되면 또 내게로 쪼르륵 돌아와 손 잡아 모르는 곳으로 끌고 간다. 미궁 같은 길, 아침 산책에 생각을 데리고 걷다 보면 조금씩 사람이 되어간다. '나'를 똑바로 세워 놓는 건 오직 나 자신이다. 먼 곳, 희망 머무는 그곳, 쉽게 잡히지 않는 행복이 자라는 자리다.

다시 시작이다. 수없이 되풀이한 '다시 시작'은 씨를 뿌리고 싹 틔우던 그날들의 이름이다. 구름에 묻힌 꿈 조각들, 보이지 않아도 이제는 "괜찮다" 하고 서로의 등을 토닥거려 준다. 지난날의 그림자와 눈물 속에서 우리는 애썼다. 그 수고가 곧 살아 있다는 것이 증거다. 마음은 아직도 공중을 훨훨 날고 싶지만, 몸은 이 자리에서 어깨춤을 춘다. 불가능의 지점에서 제자리 춤을 추고, 감은 눈앞에 추억을 펼쳐 놓는다. 눈물에 반짝이는 등불을 켜고 '괜찮다' 노래를 틀어, 이 아침을 통과한다. 노인의 이름표는 가슴에 붙어 있지만, 자유의 춤은 여전히 연습 중이다.

보라, 인간의 위대한 힘을! 작은 존재들이 함께 쌓아 올린 세상, 나 한 사람의 공이 미미하다 해도 또 다른 인간을 낳고 이어가는 이 연쇄는 참으로 오래되고도 깊다. 그 거대한 흐름 속에서 나는 잠시 걸음을 멈추고, 겸허히 숨을 고른다. 창 밖 풍경과 부드러운 기타 선율이 새벽을 맴돌게 하고, 기쁨과 슬픔이 겹쳐 앞을 흐린다. 아무도 막지 않는 이 길에서 왜 자꾸 멈추는가, 지나간 날들을 망가뜨릴 수 없어서일까. 이제는 겸손히, 순종과 감사로 조용히 기다릴 때다.

제 2 장
오늘이라는 내일

 등불 앞의 고백

나는 내 자신도 내 마음대로 다루지 못하는 바보다.

슬픔이 몰려올 때는 숨어서 울어도 된다. 아무도 모르게, 창에 실린 세상 모습에 풍덩 빠져 또 다른 슬픔이 피어난다. 낯설고 매정한 감정들이 나를 헤집는다. 욕심은 그만두자. 다시 시작하려 해도 이대로는 안 될 것만 같다. 모르는 것이 왜 이리 많은가. 왜 나는 내 마음조차 붙들지 못해 숨차게 쫓기며 다니는가. 마감이 임박한 듯 꽁무니에 불이 붙은 기분으로, 한 가닥 바람처럼 이 대목을 훌쩍 지나치지 못한다.

지난날들이 꿈이었나 싶다. 길을 잘못 들어 좁은 골짜기에 갇힌 듯, 빠져나오지 못하고 있다. 더 넓은 길을 걷고 싶은 날, 활보하고 싶은 날, 삶의 바퀴에 기름칠해 한 번 더 새벽을 맞이하고 싶다. 살아있다는 소리, 멈추기를 거부하는 끈질김은 다음 순간까지 삶을 끌고 가려 구슬땀 흘리는 현장, 보이지 않는 진실 찾아 미궁을 휘젓고 헤맨다.

어쩌자고 라고 스스로 묻다가도, 각자에게 주어진 생명을 이끌어 나가야 한다는 그 무거운 사명이 나를 일으킨다. 세상은 때때로 우리를 조롱하고 시험한다. 나는 왜, 무엇을, 어떡하라며 여기 보내졌는가? 오직 선택으로 이어놓은 이 삶, 어깨를 누르는 성인들의 가르침은 모두 옳은가. 눈으로 보이고 귀로 들리는 것이 아니라, 마음으로 새겨야 할 이야기들이다. 닫혔던 문이 새벽 기운에 서서히 열릴 때, 오늘은 얼마나 어떻게 천지가 새로워질까. 나는 한자리에 머물며 가만히 지켜본다. 이 세상이, 우리들의 삶이, 영원토록 아름답기를 간절히 바란다.

다음 시간으로 돌진하다

젊은이들은 다음 시간 속으로 용감히 돌진한다.

오, 그 아름다운 자태, 도전의 중심에서 내일을 약속하네. 다시는 돌아올 수 없는 곳이라 해도, 이 세상이 영원히 아름답길. 할 일 없는 날, 나는 길 밖을 지킨다. 누가 어디로 가는지, 누가 손님을 맞고 우편을 받는지, 이 소소한 풍경 속에서 나의 책임은 무겁게 다가온다. 어제는 괜찮았고, 오늘은 떨린다.

내일이 점점 가까워오니 가슴이 벅차오른다. 나는 더 높은 곳에 머물고 싶다. 한 시간 더 깨어 나를 단련하면?

새벽 네 시, 나는 새 옷 갈아입고 자신을 채찍질한다. 눈부신 햇살 따라 꿈이 새록새록 자라는 곳으로 향하여 멀리 반짝이는 불빛, 도달점은 있는가? 나는 무엇이 더 필요한가? 동으로, 서로, 남으로, 북으로 갈 길을 잃은 날, 나는 커피 잔을 들고 고민한다. 건설 노동자의 땀과 수술복의 숨결 속에 섞이고 싶지만, 이제는 너무 늦었나? 이 주체 못할 '나'를 어찌할 것인가?

내년엔 더 높이 서리라

'오늘'은 아니어도 '내일' 하겠다는 말, 내년에 더 높이 서 있으리라 믿는 마음. 그 내일이 나와 함께할 수 있다면, 그것만으로도 좋다. 텅 빈 훗날을 남기지 않으려, 나는 오늘에 온 힘을 다해 매달린다. 가슴에 작은 꿈들을 품고, 스스로를 다그치며 다시 달린다. 오늘은 내일을 키우는 거름이 되고, 꿈은 언제나 그 속에서 조용히 불빛을 품고 있다.

꽃은 이미 졌어도 왜 나는 아직 기다리는가? 가야 할 데까지 그 기(期)까지 가야 하는 생명의 길, 인내의 끈에 매달려 달랑거리는 우리에게 거부할 힘은 없다.

불 밝힌 내 창, 약속할 수 없이 흔들리는 목숨, 그리움에 길 잃고 간절함에 매달려 시간은 위태롭게 이어진다. 나는 여전히 매달린 채 지난해의 이름들이 텅 비운 자리를 보며 깨닫는다. 시작과 끝을 지나 오늘의 내가 형성되었음을.

사랑과 슬픔, 기쁨과 실망, 모든 것을 이어 붙이며 이제 나는 지난날을 조용히 지워간다. 낯선 기다림과 둥글게 손을 맞잡아 한 바퀴를 돈다. 시작도 끝도 없는, 조금은 불안한 그러나 온전한 동그라미를.

천지를 향한 밤의 찬가

다시 들여다보아도 세상은 외로운 천지라, 가까이 있는 손이라도 입맞춤조차도 허전하다. Bay Area 동네가 하나 되어 합창하듯, 각기 다른 악기들이 하늘을 향해 곱게 찬양을 올린다. 토마스 비탈리의 샤콘느, 슬픔의 멜로디가 밤을 울게 한다. 세월이 무겁게 실려 이 길을 지나고, 대로에서 쫓겨나 협착한 골짜기에서 땀 흘려 빠져나온다.

삶은 그런 것이었음을, 이제는 부정할 수 없다. 음악이 마음을 가다듬어 좁은 골을 벗게 하고. 감사와 원망이 뒤섞인 흔적을 조용히 지워간다. 바람조차 잠잠해진 언덕, 슬픔은 마법처럼 풀려난다. 월요일은 오고 또 오고, 날들은 어김없이 흐르지만 나는 내일 경쾌한 음악을 틀 것이다. 열매 맺고 꽃 피우는 소생의 노래로, 다시 달리리라.

그곳인가, 이곳인가

여기일까 저기일까. 아직 한 층 더 올라가고 싶은데 길이 잘 보이지 않는다.

나는 군중과 같은 층에서 오래 세상을 바라보았다. 올라가든 내려가든, 이제는 다른 층에서 세상을 보고 싶다. 내려가고 싶지 않다. 그러나 남은 층은 한 개뿐이라니, 이 난처함을 어찌할 것인가. 푸념은 그만해야지. 커피 한 잔 들고 이 귀한 아침을 맞아, 새사람으로 다시 일어서고 싶다. 같은 옥타브, 같은 음정에 멈춘 지루한 곡처럼 제자리에 맴돌고 있다.

부지런히 가던 내가 아직 여기라니, 땅은 밀리고 하늘은 내 말을 듣지 않으며 바람은 다른 길을 따른다. 후퇴의 기운인가, 조금 더 앞으로 가고 싶은데 자꾸만 발목이 잡힌다.

한번 더 밀어붙이자. 해님이 완전히 지기 전에, 책상 앞에 앉아 세상을 밀어내고 나아가자. 애간장을 녹이며 땀방울을 떨구고, 막힌 길을 뚫어 앞으로 나아갈 길을 더듬는다. 여기일까 저기일까, 왜 이리 자꾸 슬퍼지는가?

앞에 남은 세월을 더듬어 들어간다. 생명은 멈추기를 거부하고, 어슴푸레한 내일 속으로 나를 이끈다. 몇 개의 내일이 남았는지 알 수 없으나, 나는 그 무지의 어둠으로 오늘도 발을 들인다. 이제는 내일이 오늘보다 나을 것이라는 보장도 없지만, 희망으로 오늘을 혹사시킨다. 무엇을 믿고 이토록 버티는가. 그래도 나는 놓을 수 없다. 완전히 탁 놓아버릴 수 없는, 여전히 더듬어 가는 나의 삶의 길이다.

생명의 끈

흠뻑 땀에 젖어 다음 순간을 꼭 붙드는 이 몸부림은 무엇인가? 아무도 답하지 않는 길 위, 간절히 매달리는 손끝은 쉽게 놓지 못한다. 마지막이 아련히 보일 때조차, 나는 여전히 그때처럼 서성인다. 나를 에워싼 세상이 아직 남아 있기 때문일까. 완전히 놓아버릴 수 없는 유혹의 세상, 그 자리 때문에 나는 머문다. 순간마다 좋좋 수를 놓듯 이어가는 삶, 어느 한때도 가벼울 수 없는 생명의 길이다.

사람들이 손으로 맞춰 세운 이 세계는 참으로 오묘하다. 작은 손짓들이 쌓여 내일은 더 환하고 낯선 얼굴로 열릴지 모른다. '내가 떠난 뒤'의 세상이 어떤 빛일지, 신은 무엇을 보려 기다리시는지 궁금하다. 살아있음은 무엇인가. 생각의 연결, 실천의 결실, 그 알록달록한 이음이 바로 삶이리라.

촌음을 모아 이어간 이 끈질긴 생명 줄, 약하나마 나는 꾸준히 이어간다. 하루가 무사히 더 이어졌을 때, 그 이음의 끝에서 나는 무엇을 원할까. 이제는, 이만으로도 괜찮지 않은가 묻는다. 이토록 애간장을 녹이며 더 무엇을 바라야 하나. 어쩌면, 지금의 이 한 줄기가 이미 충분한 답인지도 모른다.

기약의 끈

흠뻑 땀에 젖어 다음 순간을 꼭 붙드는 이 간절함은 무엇인가. 아무도 답하지 않는 길 위에서 나는 목을 길게 빼고 또 기다린다. 색도 모양도 알 수 없는 그 무엇을 향해, 온 정성 온 힘을 다해 매달린다.

세상은 내 가까운 이들을 하나씩 데려가고, 내 주위는 헐렁해졌다. 빈 공간에 발이 헛디뎌 휘청거릴 때도, 나는 몸을 부축하여 일으켜 세운다. 음악과 노래 속에 깃든 슬픔마저도 삶의 무늬라 부르며, 악보의 올림표 내림표가 만들어낸 도표를 아름답다 중얼거린다.

내가 한 움큼씩 떼어 모아 둔 작은 사랑의 봉우리들, 그 불 밝힌 창문들에 여전히 내가 기다린다. 내일이면 알게 될까, 기다림의 이유를. 내가 세상 떠나기 전까지, 내가 진정 무엇이 되고 싶었는지를 알 수 있을까.

저 멀리서 부르는 소리는 더 깊이 파고들라 한다. '어제'와 '옛날'은 잊자. 남은 오늘과 불확실한 내일에 모든 정성을 바치자. 오늘 이 하루가 귀하니, 나 자신을 위하여 건배를 들자. 나는 얼마나 아름다워져 있기를 바라는가? 이 순간 '여기 있었다'고 부끄럼 없이 말할 수 있기를 바란다. 광막한 천지에 내 심상을 흩어 놓으며, 비로소 신의 가호를 구한다. 지금 어디에서 나를 보고 계십니까 하고.

내 삶의 미세한 틈까지 점검하는 요즘, 순간들이 나를 불러 훈련시키고, 사방에서 호통치는 소리가 들린다. "너, 머무는 자리에서 떠나기엔 이루어 놓은 것이 너무 부족하지 않느냐" 하고 묻는다. 그 말들 앞에서 나는 숨이 막힌다. 이제 와서 어쩌란 말인가. 생명의 길과 폭은 천차만별, 모두 출발선에서 경쟁할 수밖에 없다.

누가 시키기에 달리나, 무엇을 위해 손에 쥔 두 주먹을 불끈 쥐고 달리나. 조용히 들여다보니, 이 모든 것은 내 탓이다. 못 말릴 '내 탓'이 나를 짓누른다. 내게 주어진 짐은 너무 무겁다. 이제 와서 어쩌란 말인가. 그럼에도 소리는 멀리서 더 깊이 파고들라 재촉한다.

남은 오늘과 달랑 매달린 내일에 정성을 쏟아 붓자. 오늘을 위하여 건배하자. 내가 떠난 뒤의 세상은 어떤 빛일까, 신은 우리에게 무엇을 기대하는가? 그 물음의 답을 알지 못해도, 나는 이 생명줄을 놓지 못한다. 흠뻑 젖은 손으로 시간의 줄을 더듬는다. 하루를 이어온 그 이음의 끝에서, 나는 여전히 묻는다. "이만으로 충분하지 않은가?" 아직도 나는 더 원하고, 더 매달리며, 더 살아내려 한다. 그 끝에 남을 흔적을 위해, 나는 오늘도 다시 일어난다.

저 멀리서 들려오는 부르심

먼 데서부터 들려오는 소리, 나를 향해 더 깊이, 더 깊이 파고들라 속삭이는 소리. 보이지 않는 곳, 이름 모를 어딘가로 나를 보내려는 듯한 부름이다. 어제도 옛날도 이제는 잊고, 달랑 매달려 있는 불확실한 내일도 뒤로 하고 내 앞에 놓인 오늘, 이 소중한 하루에 온 정성을 다 바치고 싶다. 그래서 이 귀한 하루를 위하여, 부끄럽지 않은 건배를 들고 싶다.

나는 진실로 이 순간에 여기에 있었다고 부끄럽지 않게 말할 수 있기를, 내 삶이 더욱 아름다워져 있기를 바란다. 광막한 천지의 배경 속에 나를 흩어놓고 분주히 살아가며, 이제야 신의 가호가 필요함을 느끼는 이 무렵, 혹시 너무 늦은 것은 아닌가 두려움이 스친다. 신께서는 지금 어디쯤에서 나를 보고 계시는가.

내 삶의 틈새를 세세히 점검하며 나를 훈련시키는 최근의 일상, 무섭게 다가오는 부르심과 호통. 그것이 누구의 음성인지, 왜 나를 이렇게 부르시는지 알 수 없지만, 아직 이루어놓은 것이 턱없이 부족한 이곳에서 떠나라는 그 부르심 앞에 나는 묻는다. 저 널리 흩어진 심상 조각들 속에서, 아무런 수확도 없이 되돌아오는 저녁 시간에, 나는 여전히 신께서 기다리시는 그 대답이 무엇인지 알지 못한다.

가득한 빈자리

가득한데도 텅 빈 천지라, 뭐가 더 필요하랴. 생명들은 여전히 분주히 무언가를 실어 나르고, 허기진 영혼은 어떤 것으로도 채워지지 않는 질문만 남긴다.

아침은 어김없이 와 눈부신 햇살로 다시 열린다. 그 끈질긴 힘으로 나는 자세를 바로 세운다. 그래도 견딜 만하다. 오늘을 덥석 안으면 시간의 계단을 한 칸 더 밟아 나아간다. 매끄럽기도 하고 꾸불꾸불한 인생의 길, 한 장을 덮으며 숙연해진다. 뒤돌아보면 자랑스러운 순간도 있고 캄캄한 밤도 있었지만, 차곡차곡 쌓아올린 삶은 이미 값진 것일지 모른다.

나는 여전히 긴 줄을 이어간다. 반짝이지 못해도 쓸모 있는 밧줄이 될까 바라며, 조용히 손에 쥔 실을 더듬어 다음 고리를 잇는다.

나는 누구인가?

내 안의 세포마다 이름을 불러 하나씩 들여다보고 싶다. 무수한 시작들이 쌓여 오늘의 '나'가 꽁꽁 서 있음을 느낀다. 그 시작들은 어딘가로 숨고, 손에 잡히지 않아 나는 자꾸만 묻는다. 시작은 어디로 갔는가? 열린 길 가운데 단 하나의 외길만 허락된 듯한 인생길 위에서, 나는 미지의 문을 열기 위해 온몸을 걸고 투쟁한다. 나를 지키는 일, 결국 '나'만이 할 수 있기에 나는 모든 것을 걸어야 한다.

밀물과 썰물처럼 들락거리며 무늬를 새긴 삶, 되돌릴 수 없는 시간 속에 새겨진 지금의 '나' 그때도 지금도, 나는 결국 같은 '나'다. 돌아갈 수 없는 그때와, 다시는 되돌아오지 않을 이때가 서로 맞닿아 숨 쉰다. 오, 살아있음의 꿈틀거림!

꼬불꼬불한 길 따라 튕겨진 물방울들처럼 흩어지고 모인 날들, 좁은 협곡 사이로 한 인생이 가늘고 또렷이 새겨졌다. 감당하기 어렵던 고비마다 남겨진 까맣고 작은 점들, 그것들은 이제 삶의 주름살이 되어 나를 접고 펴는 표식이다.

나는 그 표식들을 손가락으로 더듬으며 묻는다. 이 모두가 곧 나인가, 이 줄기 끝에 서 있는 내가 진짜인가. 답은 아직 불확실하지만, 나는 여전히 이어간다. 잡히지 않는 시작들을 더듬어 한 걸음씩, 조용히, 나의 길을 새겨간다.

뻐꾹새의 물음

뻐꾹새 슬피 울어대는 골짜기에서, 난 지금 어디로 가야 하나? 물어본다. 죽은 사람이 하늘로 올라가지 못한 영혼, 이승에서 한을 발산한다고 믿는 뻐꾹새 울음소리.

<지리산 뻐꾹새> 송 수권

길 뜬 설움에 맛이 들고------
저 연련한 산봉우리들이 다 울고나서
오래 남은 추스름 끝에
비로소 한 소리 없는 강이 열리는 것을 보았다.

인간의 일어서기

삶은 전쟁이다. 겸손이 비결이고, 겸손이 곧 성장을 낳는다.

음악은 투명하게 떠돌고, 풀은 어김없이 돋아나며 나무는 잎을 틔운다. 거친 비전과 위대한 겸손이 지평선을 향해 꿋꿋이 나아가고, 일어서는 이들은 서로에게 숨결로 영감을 준다.

권력은 겉으로 드러나지 않는다. 권력은 확신이고 자기 위로이며 스스로 시작하고 끝맺는 능력이다. 그들을 좌우하기보다 내가 그들을 좌우할 때, 권력의 구조가 선다. 올라서려면 강인함과 확고함이 필요했고, 때를 기다리고 계획하며 사방을 살펴야 했다. 진실이란 무엇인가?

게임에서 이길 수도 있고, 찾기만 하면 불가능은 없다. 멀리 가려면 마음을 비워야 하고, 역사는 우리에게 지배자가 되라 요구한다. '나'가 아닌 '우리'의 눈으로 세상을 보려는 자들이 더 큰 길을 연다.

시계는 쓸데없이 급하게 째깍거려도, 우리가 할 일은 분명하다. 스스로를 독립된 인간으로 만들고, 스스로 창조하라. 오래 일하고 배우며 살아남는 자에게 가능성은 열린다. 가능성을 믿고 일할 때, 최고가 될 길이 보인다. 나아가자. 겸손을 지키되 강인하게, 혼자가 아닌 우리를 위해, 오늘을 발판 삼아 다시 일어서자.

보이지 않는 얼굴의 역사

사람은 아무것도 걸치지 않았을 때, 발가벗겨졌을 때 비로소 자신을 본다. 역사의 바깥으로 뛰쳐나가면 얼굴 없는 얼굴들, 소리 없는 소리들이 드러난다. 역사는 누가 누구와 무엇을 했는지, 누가 이기고 누가 거짓말을 했는지 적는다. 그 기록은 종종 지배자들의 거짓말이며, 보여질 만큼 중요한 것들만 남는다.

그렇다면 우리가 남긴 발자국은 누구에게 읽히는가. 역사가들은 스쳐가는 우리의 존재에 대해 깊게 생각해본 적이 있을까. 조용한 철새처럼 모호한 우리, 소설도 역사도 남기지 못하는 우리, 플랫폼 위에 말없이 서 있는 사람들은 침묵 속에서 요란한 불안의 소리를 낸다. 우리는 누구의 손에 밀려다니지 않는 존재가 되고자 한다. 피와 살로 된, 자립한 인간이기를 바란다.

뜨겁게 요동치고 악당들이 활개 치는 곳, 세계는 경계 없는 유동성이다. 진실은 항상 진실일까, 거짓일까. 믿을 수 없는 것만이 믿을 것인지도 모른다. 과학을 추구하고 성취를 향해 의지를 걸 때만이 모험이 시작된다.

'존재했지만 보이지 않았다'는 말은 근본적 모순을 드러낸다. 나는 성실과 진보와 행동을 믿는다.

삶은 통제를 위한 것이 아니라 살기 위함이다. 운명은 둘이면서 동시에 하나다. 나는 변호하고 미워하고 사랑한다. 증오만큼 사랑을 통해 삶에 닿아야 한다. 그렇지 않으면 삶의 많은 부분과 의미를 잃는다. 정신은 혼돈에서 눈을 떼지 말아야 한다.

혼돈에 저항하라고 패턴을 구상한 것 아니던가.

창문을 열어 더러운 공기를 내보내려는 손과, 또 다른 나는 추수 전의 질 좋은 푸른 콩을 떠올린다. 현실과 꿈, 지상과 지하, 착각과 진실이 서로 겹친다. 결국 나는 묻는다. 누가 역사의 장을 쓰는가, 누가 우리를 보지 못하는가, 그리고 누가 이 불확실한 세계에서 얼굴을 드러내게 할 것인가. 작은 손들이 맞춰 올린 일상과, 보이지 않는 존재들의 연쇄가 모여 언젠가 역사의 빈칸을 채우리라, 나는 그렇게 조용히 기대한다.

제 3 장
내 마음은 아직도 꽃밭에

창가의 난과 기다림

우산 펴듯 뭉친 자리에서 다시 열 수는 없을까?

너무 늦었나, 아니면 목적지는 이미 내 앞에 와 있었나? 꽁꽁 뭉쳐버린 생각들, 풀리지 않는 엉킴 속에서 발버둥칠 뿐이다. 산들바람은 나를 비켜 불고 천상의 노래는 무지개 언덕을 넘어가는데, 나는 아직 이 자리에 서서 간곡히 기다린다. 검은 구름이 몰려와 비를 내릴 듯도 하다. 불러오지 않은 슬픔이 둘러싸고, 정유공장 연기처럼 뿌연 세상이 창가에 깃든다. 내가 남긴 긁적임, 이 삶이 무엇이었나를 끝까지 따라가 본다.

좁은 침실 정원 틈 사이, 한 송이 오키드가 피어 조용히 빈 공간을 채운다. 석양은 창을 타고 흘러 S.F.의 다리들과 고속도로 위에 금빛 흔적을 남기고, 가족이 지나간 발자취들은 보이지 않게, 그러나 또박또박 한 송이 오키드처럼 마음속에 새겨져 있다. 그 자취들을 떠올리며 나는 새록새록 감사한다. 마음은 늘 바쁘게 달리고 끝도 없이 한계를 넘나들지만, 이 작은 정원과 가족의 온기 앞에 멈춰 서서 오늘도 나는 숨을 고른다.

완성의 기로에서

완전한 완성은 없겠지, 그럼에도 우리는 그 기(期)를 향해 걷는다.

선명치 않은 저곳을 향한 하루하루의 정성, 불투명하고 잡히지 않는 무엇을 잡아보려는 끝없는 손짓이다. 점 찍어둔 저 자리, 과연 그곳에 무엇이 있을까. 그러나 그 물음이야말로 우리가 사는 이유다. 바람이 잎을 간지러울 때, 나도 예쁜 마음으로 다시 시작하자고 속삭인다. 남은 날이 얼마든 상관없다. 다시, 이 순간부터 일어서자.

내 마음 하나 알 뿐이지만, 그것으로 충분히 시작할 수 있다. 배고픔을 채우고 편안함을 얻고, 짝을 찾는 일 그도 삶의 한 축이다. 늦었다고 주저앉지 않겠다. 땀 흘려 다음 순간을 준비하리라. 후회로 남기지 않기 위해, 또 한 번 일어서서 걸어간다.

하늘 높이 흩어진 구름이 손짓하면 나는 따라간다. 삶의 마디마다 바뀌는 이정표, 번뜩이며 영혼을 깨우는 순간들. 모두 가질 수 없어도, 내게 주어진 안에서 행복을 다듬는 것 그것이 삶이다. 보이지 않으나 생생한 생각들, 덩굴처럼 기어오르는 줄기들, 그 줄기들이 천지를 얽어매어 오래도록 이어지리라. 우리는 그 속에서 또 한 번 손을 뻗어, 오늘을 깁고 내일을 잇는다.

새벽의 한 송이

자연의 흐름에 섞여 유유히 지나가는 어느 새벽, 가슴 속 이름 모를 꽃이 피어나는 것을 느낀다. 세월이 나를 싣고 조용히 흐르는 지점에서, 이유도 모른 채 울먹인다. 침묵이 더 고운 이 천지, 남은 삶의 시간들을 세월의 손에 잡히어 줄 맞춰 서 보니 내겐 아직도 더 깊이 판 동굴이 있고, 숨 한 순간이 아깝다. 닫혀 있던 입이 열리듯, 숨겨진 세계가 눈앞에 펼쳐지기 시작한다.

오늘은 오직 오늘만을 위해 몸과 마음을 바치리라.

내일은 내일에게, 어제는 이미 놓아 버리자. 누구를 위해 살 것인가를 미루고, 남은 시간에 누구도 끼워 줄 틈 없이 나만을 위해 한 날을 써 본다. 아침 해가 다시 떠오르기 전에.

맨발과 밤의 꽃

맨발의 부끄러움으로 이 삶을 덮는다. 발을 감추고 시간의 이불로 몸을 싸매어 조용히 세월 속으로 스며들려 한다.

한때 쌓아 올리려 했던 성, 왕녀의 꿈들 웃음으로 찡그린 얼굴을 펴 보이며 오늘을 지었다. 가까이 다가오는 발소리, 그리움이 문 앞을 두들긴다. 문 열리는 소리, 겹겹이 파동 치는 어떤 울림 내 안의 꽃이 조용히 숨을 트는 순간, 현실의 강을 건너 현재가 부서지고, 영원의 뜰이 열린다. 흔들림으로 사는 나는, 작은 승리를 품는다. 맑은 연못처럼 고요히, 이 밤을 건너 다시 피어난다

내 마음은 아직도 꽃밭에

언어가 늘 나를 곤욕에 빠뜨린다. 어떤 말도 내 느낌에 꼭 맞지 않아 숨이 막힌다.

새로운 말을 만들고 싶어 깊이 들여다보면, 여전히 내 능력은 모자라 보일 뿐이다. 배워야 할 것이 산더미인데도 불평할 수 있나.

그저 죽기 살기로 붙들고 시작하면 되지 않는가? 그러니 시작하라, 그 단순한 결단이 문제의 전부다.

내가 원하는 것들은 모두 강 건너, 산 넘어, 어쩌면 하늘 저쪽에 있다. 건너가기 힘든 공간 앞에 나는 늘 서성인다.

소중한 순간들을 금박지로 싸 보지만, 그조차도 채워지지 않는 빈자리처럼 느껴진다. 숨 쉬는 한 심상은 멈추지 않는다.

보이지 않아도 마음의 빛은 여전히 흘러, 나는 내 마음 꽃밭에서 나비들과 어울려 놀고 싶다. 새롭고 많은 것들을 바라는 나는, 어쩌면 욕심쟁이일 테다. 그러나 그 간절함이 바로 나를 살게 한다. 가슴팍에 뿌리 박힌 이유 모를 그 무엇들, 결말 지어야 할 일들이 밤새 나를 괴롭힌다. 모두 쏟아부은 줄 알았던 정성도 모자라, 나는 다시 새벽을 기다려 매달린다.

한 송이 하얀 꽃을 피우기 위해, 나는 아직도 앞으로 나아가야 한다. 보이지 않는 무언가에 매달려 밤을 새우는 이 노인의 억지스런 집착, 그럼에도 나는 또다시 눈을 감고, 주절이며 기다린다.

껍질을 벗긴 세계

왜 갑자기 세상의 껍질을 벗기고 싶을까?

훤히 선명히 속을 보고 싶은 이 억지의 욕망이, 늦은 날에 나를 사로잡는다. 층층이 숨긴 비밀이 어디엔가 있을 것만 같은 날들,

사람은 가고 없어도 그 외친 진리는 남아 울린다. 그러나 내 목소리는 바람에 흩어져 어디로 갔는가.

지금에서야 새삼 놀라 붙드는 질문들, 내 목소리들은 지금 어느 쪽에 머물러 있는가.

생명은 저마다 다른 무늬로 살아간다. 푸른 솔밭에 흩날리는 학처럼, 좁은 협곡을 겨우 빠져나가는 생명 하나에도 내 바람과 갈망은 자꾸만 많아져 슬퍼진다. 이제는 내가 스스로 아픔을 치유해야 함을 안다.

누구도 대신해줄 수 없다는 늦은 깨달음, 그러나 그 깨달음 속에서 타인과 어울려 사는 삶의 가치가 보이고, 나는 그제야 조금씩 행복해진다. 살아 있음은 빽빽한 눈빛들의 투쟁이다. 유유함과 격동 사이를 오가며 초심을 붙드는 저 초롱한 눈들, 그들의 몸부림은 무엇을 위한 것인가. 급류처럼 흘러가는 시간 속, 우리는 또 한 번 묻는다.

그날 그 자리에서

보라, 멀리서 보면 순간들이 정연히 지나가고, 세월은 조금씩 나를 깎아 내어 지금의 얼굴을 만든다. 요즘 나는 자꾸 주저앉지만, 정지를 거부하는 마음과 격투를 벌인다.

"신이시여, 이 쟁탈전에서 저를 도우소서."

새 날이 일어나 만물이 눈 비비며 일어설 때, 제발 나를 주저앉게 마소서. 이 비탈길 끝에서 나는 살살 다뤄주소서.

삶의 도화지에 사랑을 그려 넣을수록, 안개가 섞여 장면은 아련해진다.

사랑은 자취를 감추고, 천지는 비워지며 침묵이 채워진다. 그럼에도 가만히 있어도 마음은 재촉받아 바쁘게 첫걸음을 내딛는다.

언덕 창가에 기대어 처음처럼 인생을 공부하는 노인처럼, 우린 서서히 마지막 순간에 비로소 다들 철학자가 된다. 나의 이야기는 멈출 수 없음을 인정한다. 나는 무엇이었고 무엇이기를 바랐는가,

세월의 자락에 매달려 묻는다. 내 나날은 이미 멀리 비워진 자리로 사라졌고, 문은 다시 열리지 않는다. 접혀진 추억들은 순정의 덩어리로 남아 천천히 빛을 잃는다. 이제 내가 할 수 있는 건 나를 풀밭에 눕히고 숨을 고르는 것, 그리고 또 다른 것으로도 또 다른 날로도 될 수 있다는 조용한 가능성을 안는 일이다.

한 사람의 색깔

나는 이 세상에 딱 하나뿐인 '나'로 태어났다.

곧은 선을 그어가다 굽은 길을 만들고, 세상을 전부 내 것이라 믿었고, 때론 미워하다가도 나도 모르게 모두를 사랑했다.

나는 매일 아침이면 또 다른 색을 찾아 바쁘다. 정해진 색들 속에서 나는 늘 다른 빛을 쫓고, 밤 어둠에 낚싯줄을 던져 알 수 없는 것을 낚는다.

슬픔이 자란 하루들이 거품 되어 둥둥 떠다니고, 나는 지난 자취를 하나씩 지워간다.

천지는 백지로 돌아오고, 다시 또 생명은 흘러 탄생과 소멸을 반복한다. 도시 모퉁이에서 나는 세상의 속살을 훔쳐본다.

세상은 멈추지 않고, 사람들은 잠시도 숨 돌릴 틈 없이 달린다. 꿈을 이루려 우리는 넘어지고 일어나며 다시 걷는다.

세상은 먼 발치에서 나를 지켜보고, 나는 늘 꿈의 끝자락에 매달려 열매를 기다린다.

'무슨 색이면 됐는가' 묻지만, 나도 모른다. 그 무지함에 웃음이 난다.

사진첩 속 이름 모를 이들, 우리는 한때 눈짓과 미소로 스쳤다. 타인이라 불린 채 오래 한자리에 머물다, 어느 순간 영원이 되어 함께 서 있다. 그 한 순간이 쌓여 우리는 여전히 함께, 무작정 영원을 향해 기다린다.

세월은 한치 어긋남 없이

생명들은 서로 툭툭 건드리며 지나가고, 세월은 한치의 어긋남 없이 규율처럼 흐른다.

예쁜 시를 쓰려면 더 예쁜 곳으로 가야 할 시간에 매달려 이름 모를 것을 골라 담는 나, 비워지는 만큼 채워지는 천지에 겁낸다.

새벽이면 눈 뜨자마자 근심을 한 바구니 긁어 모아 고뇌를 곱한다. 구슬픈 피리 소리가 이상하리만치 좋아져 손을 잡아 내일로 밀어 넣을 때,

나는 또 하루를 더 갈 수 있을까 묻는다. 언덕 너머 출렁이는 바다를 아는 것처럼, 누구에게나 죽음이 오리라 알지만 오늘을 다듬을 뿐이다. 내가 설 자리는 아직도 일어서야 할 자리다.

목숨 붙어있는 날까지 온 정성 다해 일어서리라 외치며, 이유 모를 눈물로 창밖을 내다본다. 슬픔을 더해 창문을 닫고 싶다가도, 피리소리를 기타 선율로 바꿔 보며 기다림을 이어간다. 만물은 기다림의 줄에 섰고, 침실 화초조차 꽃 피울 때까지 인내한다.

그 줄기마다 쌓인 삶의 무늬, 떨림과 결심, 슬픔과 희망, 나는 오늘도 그 고운 무늬를 차곡차곡 잇는다.

삶은 기다림의 연속

이른 봄, 정원에 씨를 뿌려 놓고 매일 싹 트기를 기다린다.

삶은 온통 기다림의 연속이다. 때가 되어야 꽃이 피고, 모두 입을 다물고 그 날까지 기다린다.

나는 숨을 고르고 기다리리라. 비가 올지 아닐지, 내일을 점치는 마음으로.

어느 무료한 시간, on-line에 "삶이란 무엇인가?" 물었더니 "의식이자 세계"라 답했고, "모든 것은 네 삶으로부터 시작된다" 라고 했다. 정답은 없다. 사람마다 각기 다른 답을 품는다. 인생은 무대에서 울고 웃는 한바탕이다.

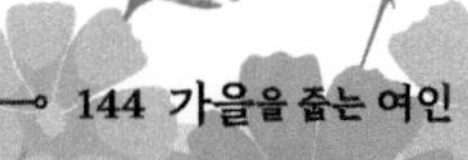

고층 빌딩들 속 텅 빈 밤에 소름이 돋기도 하지만, 들판의 풀과 새들의 노래는 오늘을 가득 채운다. 이 풍만한 천지 속에 나도 섞여 있다. 그 사실이 감사하다. 그럼에도 "이제 그만"이라 할 수 없는 나는, 막힌 길의 출구를 뚫느라 가던 걸음을 멈추지 못한다. 햇살이 금속벽에 입맞추면 하루는 다시 화려하게 태어나고, 태양의 자식들은 새 날을 짊어진다. 우린 다시 일어서서 이어간다. 씨앗을 심고 기다리고 또 심는 사람들, 오늘도 나는 작은 손으로 내 마음의 밭에 씨를 뿌린다.

제 4 장 조심스레 나를 다루며

하루는 작은 인생이다

고뇌의 문턱에서 나를 마주하며, '세계는 곧 나의 인식의 반영이다.'라고 하는 염세 철학자 쇼펜하우어의 문장을 떠올린다. 그리고 그의 '인생 명언 8가지'를 다시 펼쳐 본다. 그 중 첫 번째, "하루는 작은 인생이다." 새벽의 어둠에 기대어 나는 또다시 알 수 없는 무언가를 기다린다. 분명히 내 것이라 할 수 있는 것이 무엇인지조차 모르면서, 점점 경계선 밖으로 밀려나고 있다. 왜 생각이 나지 않는가? 이제 무엇을 해야 하는가? 숨을 죽인 채 세상 옆길로 가만히 숨어 들어가 본다.

한 번쯤 다시 세상의 중심에 서 보고 싶다. 그러나 들려오는 대답은 냉정하다. "너무 늦었어." 지난날의 기억들이 모두 꿈이었다는 듯, 잠 깨어 꾸는 꿈처럼 희미해진다. 그럼에도 나는 매일, 매 순간 '답'을 기다린다. 어슴푸레한 그 답을. 정해진 시간이 이미 드러나고 있는 이 순간에도, 구하는 답은 여전히 멀고 아득하다. 보일 듯 말 듯, 애간장을 녹이며 나를 유혹하는 그 답. 꽃 만발한 들판에 몸을 눕히고 푸른 하늘을 바라보다,

회답이 손끝에 닿을 듯한 날을 꿈꾼다. 세상이 나를 버리지 않고 품어주는 그 어딘가에서, 내 모습이 아련히 비칠 때, 그때 비로소 닿을지도 모를 그 답.

어느덧 또 월요일, 나만 아는 생각들이 싹을 틔우느라 분주하다. 그리고 화요일, 수요일, 나의 자리는 연신 바뀌고, 시간은 왔다가 가기를 반복한다. 하루하루가 하나의 인생이며, 삶을 이어주는 징검다리임을 새삼 깨닫는다. 그런데 문득, 나는 생각한다. 현대의 시인들은 점점 거짓말쟁이가 되어 가고 있는 건 아닐까. 아주 간 크게, 허풍스럽게, 이름을 날리며. 요즘 나는 시인들을 '거짓말쟁이', 혹은 '허풍쟁이'라 부르고 싶어진다. 그럼에도 나는 아직 시인이 되고 싶은가? 간 큰 허풍쟁이가 되고 싶은가? 왜, 어째서 나는 끊임없이 자신을 다그치며 무엇이 되어야 한다고 채찍질하는가? 이제 그만 멈춰야 한다. 제발, 부탁이야. 너무 피곤하니까 '나', 이제 조금은 쉬면 안 될까.

영혼을 꼬집어 깨우는 기술

좋은 노래와 사상을 들여다보며, 나는 한 가닥 노래에 흠뻑 젖어 길을 걷는다. 노을 길을 밟으며 홀로 걸어가다 뒤돌아보니, 인생의 굽이마다 그리움이 쌓여 있다. 쓰라린 아픔 속에서도 산새는 울고, 눈발 속에서도 동백꽃은 피어 있듯이, 나는 슬픔 속에서도 살아갈 이유가 있음은 내 안에 가득한 사랑이 있고, 내 안에 가득한 노래가 있기 때문이라.

사랑은 생명의 꽃이다. 모두가 걸어가는 쓸쓸한 그 길 위에서, 누가 이 외로움을 견디며 살아갈 것인가. 나는 오래 걸어온 지난 길을 돌아보며 스스로를 다독인다. 누가 알아주지 않아도 잘 견뎌왔다고, 참 고맙다고.

몽테뉴의 『수상록』을 펼치고, 나는 내 영혼과 나 자신을 탐구한다. 몽테뉴는 죽음, 자기 탐구, 독서와 사상에 대해 많이 사유했다. 그는 "죽음에 익숙해지는 것이 자유에 이르는 길"이라고 했고, 철학 공부를 "죽는 법을 배우는 것"("That to Study Philosophy is to Learn to Die")이라고 한 바 있다.

아 또한 죽음이라는 단어를 들어도 겁먹지 않고, 담담하고 평온하게 그것을 받아들이며, 나의 영혼이 삶의 주인임을 고백한다. 독서에서 얻은 남의 사상은 때로 남이 먹다 남은 음식 찌꺼기나 누군가가 벗어놓은 헌옷처럼 느껴지기도 한다. 그러나 나는 정신 속에 불타는 나의 미숙한 사상과 남의 사상을 비교하며, 영혼을 꼬집어 깨우는 기술이 필요함을 깨닫는다. 그리고 진짜 아니다 싶을 때는, 스스로의 뺨을 후려갈겨 줄 용기까지도 가져야 한다.

세상에 하나 뿐인 나

천지는 나를 절로 황송하게 한다. 만물의 틈 사이에 끼어 아무리 외쳐도 내 말은 닿지 않는다. 그런데 왜, 무엇 때문에 나를 알려고 하는가. 절로 태어나 침묵으로, 복종으로, 절로 가고 있는 '나'를.

가만히 생각해 보니, '나'란 이 세상에 오직 하나뿐인 존재다. 누구를 억지로 닮으려 애쓸 필요가 어디 있겠는가. 들판을 힘차게 달리는 말의 무리, 햇살 아래서 유유히 풀을 뜯는 소의 무리, 그 자유롭고도 온전한 자태가 얼마나 아름다운가.

나도 이 순간, 새롭게 열리는 천지 안에서 마음을 활짝 열고, 내게 주어지는 모든 일을 기쁘게 끌어안으리라. 자유의 춤을 덩실덩실 춰 가며, 오늘의 '나'를 환히 드러내리라.

내게 바치는 하루 행진

나에게 감사하리라, 조심스레 나를 다루고 사랑으로 아껴 주리라 다짐한다. 잔잔한 호수처럼 고요한 새벽 삶의 규율이 나를 기다리니, 동녘 해가 명령하듯 나를 불러 일어서게 한다.

나는 매일 이 하루를 온전히 살리라. 이부자리를 개켜 놓고 다시 시작선에 선다. 삶의 줄은 오직 나만이 잇는 것, 한 걸음 한 걸음 조심조심 이어간다. 개울가 이끼 바위에 엎드린 낙엽처럼, 나도 하루를 밟아간다. 도시의 거대한 눈들이 나를 지켜보지만 두렵지 않다. 이 순간 태평양 저 끝의 파도 한 기슭까지도 나의 일부임을 되새긴다. 내게 주어진 것들을 쓸어안으며, 내가 얼마나 풍만한 축복을 받았는지 새삼 깨달으며, 매일 정성을 다해 나를 세워 주고 단단한 감사의 행진을 하리라 다짐한다.

조바심은 아무 쓸모가 없다. 조바심은 잘못만 늘리고, 후회는 또 다른 후회를 낳는다. 세상은 죽이나 잼으로 만들어진 부드러운 것이 아니다. 삶에는 힘겹게 물고 씹어야 할 것이 있다.

— 몽테뉴, 「수상록」 중에서

예술을 통해 인간의 영혼이 교양되고, 감성과 이성이 조화를 이루며 "아름다운 영혼"으로 승화될 수 있다. 참된 미는 인간을 자유롭게 하며, 그 자유 속에서 인간은 보다 고귀한 존재로 성장할 수 있다.

— 실러, 「미적 교육에 관한 편지」

인간은 도덕법칙을 따르는 자유로운 존재이며, 이성적 판단을 통해 스스로를 규율할 수 있어야 한다. "아름다운 영혼"은 단순히 감정이 풍부한 인간이 아니라, 이성과 도덕이 조화를 이루는 인간을 뜻한다.

— 칸트, 「실천이성비판」

인간의 내면에 깃든 의지와 열망의 힘을 믿는다. 그것은 단순한 욕망의 실현이 아니라, 스스로를 단련하고 삶을 예술처럼 가꾸는 과정을 거친 끝에 얻는 성취다.

— 괴테, 「시선집」

노년의 온화함은 아무 일도 일어나지 않기 때문이 아니라, 모든 일을 겪고도 조급해하지 않는 데서 온다. 몽테뉴의 평정, 실러의 미적 교양, 칸트의 이성, 괴테의 의지, 이 네 철학이 교차하는 자리에서 비로소 인간은 자신을 완성할 것으로 믿는다. 인생의 마지막 구비에서 나는 깨닫는다. 조바심은 인생을 짧게 만들고, 온화함은 그것을 깊게 만든다는 것을.

세월의 속살을 밟으며

눈물이 두 뺨을 타고 줄줄 흐른다. 다른 어느 때보다 짙고 끈적끈적한 눈물, 몸은 늙었어도 눈물은 늙지 않았다. 저 멀리, 닿지 않는 곳으로 시선을 보내니 미처 닿지 못하는 마음이 불을 지피고 뜨거운 눈물이 또 한 번 솟는다. 한 인간에게 주어진 생명을 곱게 지키는 것, 그 과업이 이토록 어렵고도 간절한 일임을 요즘에야 가슴 깊이 새겨본다. 부모로부터 물려받은 생명, 살다가 상처 입고도 멈추지 않는 세월 위에 천지 만물이 올라탄다. 우리는 보이지 않고 만져지지 않는 것을 왜 그리 찾아 헤매는가.

시간의 냇가에 쭈그려 앉아 무엇을 건져내려 애쓰는 모습, 진귀한 것은 이미 약삭빠른 자들이 쓸어가 버렸고 홀로 지나기엔 무서운 길, 세월의 속살을 밟으며 나는 묻는다. 아직 나는 어디로 가고 있는가?

그리움의 발걸음 소리

멀미 나는 시대다. 정말 이토록 많은 과제를 모두 풀어야 할까?

이 어지러운 때, 사랑하기 위해서 우리는 외부 사회의 무게와 자아의 무게를 동시에 마주한다. 삶 한가운데서 모든 것이 죽음을 중심으로 도는 듯하고, 세계에 깊숙이 개입하지 않은 채 적당한 거리를 두고 그 위를 가볍게 미끄러지듯 존재의 위기를 건넌다. 텅 빈 세계에서 체념하거나 절망하지 않고 재생과 재활을 향해 다시 일어서는 것, 그것이 곧 모험이다. 삶은 내 마음이 결정한다. 그러니 마음을 북돋아 달라. 절대로 가라앉지 말고 씩씩하게 일어서자. 바로 그 단순한 것이다.

우리는 언제나 다음 순간의 안녕을 빌며 각자 일생의 긴 삶의 줄을 이어간다. 맨발의 부끄러운 이 한 삶, 시간의 이불을 덮고 조용히 세월에 묻혀질 것인가?

아니면 아름다운 성을 쌓아 그 안의 한 사람으로 살 것인가?

오늘 나는 실없이 많은 웃음을 지어 보았고, 때로는 얼굴을 찡그리면서도 웃어 보았다. 가까이 다가오는 발소리, 그리움의 발소리, 문 두드리는 소리, 문 열리는 소리 겹겹으로 파동 치며, 지나가는 여러 그리움들의 발걸음 소리가 내 마음에 남는다.

생명은 작고 고유한 빛

왜 우리는 꼭 무엇을 해야만 한다고 믿는 걸까? 소근소근, 쑥덕쑥덕, 저 살아 있는 작은 소리들이 속삭인다. 보름달 아래 고요한 세상은 참으로 아름답다. 그런데 이 지점에서 나는 길을 잃었다. 끝없이 펼쳐진 벌판 한가운데 서서, 해는 저물고 어둠이 깔리는 가운데 갈 곳을 모르는 '나'를 본다.

낯선 곳으로 떠나고 싶은 마음이 자꾸만 일어난다. 비록 그것이 낯설고 불안한 곳임을 알면서도, 누군가가 내 이름을 불러줄 그 언저리로 가고 싶다. 오늘도 생명은 작고 고유한 빛을 쏘아 내지만, 나는 안개 낀 길을 걸어 내일과 또 그 다음 내일로 향한다.

간절히 바라는 마음으로 전심전력 애쓰며, 이루어질 답을 믿고 남은 날들로 올라탈 수 있기를 바란다. 가끔은 아무도 서 있지 않은 줄에 서 보며, 여전히 행운을 믿고 참을성 있게 기다린다. 아껴둔 옷을 다시 손질해 모셔두고, 그 옷을 입고 나설 날을 꿈꾼다.

나는 어리석은가. 이미 여든여섯인데도 그 옷에 어울리는 내가 되지 못한다면, 누군가 한마디 해주길 바란다. 한편으론 달려가던 생각이 멈추고, 추억의 흩어진 조각을 줍느라 길을 잃는다. 세월의 등에 실려 어딘가로 흘러가며, '내일'은 어느새 나보다 먼저 와서 나를 기다리고 있다. 그러니 나는 늘 조마조마 재촉을 받는다.

돌이켜보면 삶은 늘 나를 서두르게 했고, 나는 묻는다. 그 성취의 끝은 과연 어디에 있을까? 달빛 아래 안개의 길을 한걸음씩 내디디며, 아직 모르는 답과 함께 오늘도 걸어간다.

하루의 계산을 마치고

한 생명이 모든 것을 다할 수는 없다. 하는 일이 모두 성공할 수 없기에, 우리는 슬프다.

삶의 힘줄이 불거져 오르는 새벽, 나는 재빨리 계산을 마치고 하루를 내 삶에 단단히 잇는다. 푸른 정기, 죽지 않는 섬광처럼 한 생명의 주인이 되어 육체를 이끌고 언덕길을 오른다. 이 하루가 나의 전부이고, 스스로에게 사죄와 격려를 번갈아 들려 주며 또 하나의 언덕은 그렇게 넘어간다. 어제 더럽혀진 얼굴을 씻고, 천지가 조용히 새날을 기다리는 새벽이다. 절로 숙연해져 무릎이 꿇어지고, 초롱한 새벽빛을 향해 이 작은 생명을 위해 열심히 기원하며 나는 묻는다. 신이여, 지금 저를 보고 계십니까?

세상 바라보는 눈앞에 떠오르는 심상들, 미역을 건지듯, 조개를 줍듯, 팔딱이는 물고기를 잡듯 건져 올리는 것들. 아직 그것들이 내가 원하던 것은 아니어서, 늦은 날에도 나는 세상으로 뛰어드는 것을 멈추지 못한다. 천지 앞에 나는 여전히 기다리고 성급해하며, 눈살을 찌푸리기도 한다. 이 삶에서 나는 성취도 실패도 아닌 빈 껍데기처럼, 한 자락 바람으로 흘러가야 하는가.

흔적 없이 산골짜기 길을 휙 지나가는 바람처럼, 시간은 그렇게 싱겁고 덧없게 나를 스쳐간다. 이 허무한 천지 가운데서 무엇을 어찌하란 말인가.

매번 세상을 바라볼 때면 가슴이 두근거리고, 세월은 내 뒤꽁무니에 바짝 붙어 "어서"라며 재촉한다. 세상은 내가 무엇을 어떻게, 어디로, 얼마나 정성 들여야 하는지를 가르쳐 주지 않고 매서운 채찍질만 보낸다. 그 채찍을 잠시 멈춰 주길 바란다.

죽음이 뜻함은 'no more fun stub', not even 'no more sorrow'.

(더 이상 재미도 없고, 더 이상 슬픔도 없다.)

나는 그 짜릿함에 좀 더 머물고 싶어, 좀 더 살아있기를 바란다. 보이는 것들만으로는 모두 다 볼 수 없는 천지 만물, 보이지 않는 것들을 보겠다며 애타는 이유를 모르겠다. 겹겹의 보이지 않는 껍질을 벗기려 두더지처럼 종일 파들어가는 나를, 신이시여, 이제 그만 저를 조용히 꿇어앉게 도와주소서.

하루가 쌓여 나를 이룬다

하루마다 나는 조금씩 조성된다. 뼛속 깊은 곳으로 사랑의 강줄기가 흐르고, 하루가 빠지면 나는 금세 무너질 것만 같다. 하루들이 모여 내 뼈가 되고 살이 되어, 영혼이 자라 생각이 여문다. 색색의 하루들로 나는 어여쁘게 빚어진다. 천 번도 더 다독이고, 수천만 번 달래는 마음으로 모심기하듯 생활을 차곡차곡 심어가는 나의 알뜰한 날들.

하늘이 장면을 바꿀 때마다 홀로 서기 연습을 하고, 무지개 뜨는 날이면 새 옷으로 갈아입는 기쁨을 맞는다. 생각의 촉들이 삶의 한복판으로 파고들어 꿈의 열매를 틔운다. 비록 누군가는 "그만"이라 해도, 마음은 또 다른 길을 향한다.

홀로 보낸 세월이 한 그루 나무 아래 소복이 쌓였고, 이제도 바삐 서두르는 마음이 있다. 하고 싶은 일들이 뒷골목에 쌓여 그림자를 일렁이게 한다. 해도 좋고 안 해도 무난한 것들, 그래도 하면 더 좋을 듯한 그 무엇들. 세월은 인연을 하나 둘 끊어내고, 나는 홀로 가기를 택한다.

12월 차가운 공기를 들이마시며 쓸쓸함이 물결처럼 건너와 두 뺨을 간지른다. 겉으로는 가득한 듯하나 속은 허한, '가득한 비어있음'을 안고 서 있다. 아득한 꿈의 뿌리로 눈길을 보내면, 그림자들은 빛살로 흩어져 수만 갈래가 된다. 그 줄기들이 모여 한 곳으로 섞이는 곳에 내 마음을 눕히고 싶다. 마음의 촉수를 더 높여 세상을 바라볼 수는 없을까. 길은 있을 테지만 보이지 않는 자리, 꿈들을 불러 모아 무엇을 고를지 망설이는 그 어귀에 서 있다. 그래도 가고 싶으면 가는 것이고 작정하면 하는 것이다. 안 그런가?

나를 조심스레 다뤄 주소서

험하게 나를 다루지 말아요.

조심스레, 귀하게 다뤄 주세요. 함부로 내동댕이치지 말아요. 혼자일 때에도 예의를 지켜요. 똑바로 앉아 신과 눈을 맞추고, 발을 꼭 맞춰 걸어요. 규율 있게 숨 쉬어요.

지금 이 순간 내 삶이 기쁨이었다고 말할 수 있게, 오늘도 기뻐하고 내일도 기뻐해요. 남은 삶 모두 기쁨이길 바랍니다. 만사에 꼬치꼬치 따지려 하지 말아요. 마음을 푸른 초원에 눕히고 바람과 벗 되어 치마자락을 날리며 함께 춤춰요.

왜 이 꿈이 깨지지 않을까요? 아무리 뒤척여도, 깰 때가 지났는데도 깨어나지 않는 이 꿈, 나를 슬프게 하고 왕관을 벗겨 세상 밖으로 쫓아내는 꿈, 틀림없는 꿈입니다. '나'라는 생명은 멈추지 않습니다. 맹서는 여전히 필요하고, 꿈의 촉은 간절한 소망으로 틔워 잎을 피우고 또 무성해지리라 믿습니다. 해 지는 풍경, 낙엽 지는 소리, 시간이 흐르는 그 자리, 지금 내가 서 있는 골목. 삶은 외로운 길이지만 그 길은 오직 내가 결정해야 합니다. 어떤 날은 허무를 싣고 피리 소리를 따라 더 깊은 곳으로 가기도 하겠지요. 다시 시작하세요.

오늘은 바람 부는 대로 나를 가만히 내버려 두어요. 흔들리다 보면, 아마 다시 설 테니까.

<오늘이 탄생했어요>

무엇이 우습다고
바닷가에서
하늘 밑에서
웃어 버렸나?

천 번을 웃었기에
세상이 고왔던가?
만 번을 웃었기에
하늘이 파아랬던가?

나는 몰라로
웃음 속 조그맣게 자란
웃음 속 조그맣게 핀
오늘이 있었다.

제 4 부

남은 날의 맹세

제1장. 한 번 더 날고 싶다

제2장. 순간을 붙들라는 명령

제3장. 다시 돛을 올리며

제4장. 모퉁이에서 한복판으로

제 1 장
한 번 더 날고 싶다

 옛날을 그리워하네

아득함으로 가득한 천지에 내가 우두커니 서 있는 날, 잠 못 이룬 방 안에서 왜 나는 뛰쳐나가지 못할까? 문은 눈앞인데도 무엇이 나를 멈추게 하는가. 못난 인간이라 자책하며, 다시 시작할 용기를 다짐한다. 너무 늦기 전에, '나' 오늘 무엇을 해야 할까?

세계인으로 살려면 좁은 소견을 어떻게 넓혀야 할까? 오래 살아 꼬리 부분에 다다랐음에도 답을 알지 못해 간절히 묻는다. 청춘의 시절, 답들이 미리 와서 나를 기다리던 때는 어디로 갔을까. 지금 나는 그 옛날이 견딜 수 없을 만큼 그립다.

이른 새벽, 침실 창 너머로 보이는 샌프란시스코의 대도시, 하얀 뼈대처럼 서 있는 빌딩들이 말없이 서로를 바라본다. 나는 창가에 매달려 새벽을 헛되이 보내며, 내 추억에 걸맞은 도시 이름을 불러본다. 이유 모를 슬픔의 줄을 따라 무엇이 나를 우울하게 하는지 찾으려 하지만, 나는 창을 떠날 수 없다. 굵은 눈물방울이 태평양 쪽으로 흘러내리는 것을 본다.

입 다문 채 침묵하는 만물들 앞에, 나는 서 있다.

그리고 '인의예절', 사람답게 사는 것, 매너와 예절에 대해 생각한다. 남에게서 바라지 않는 것을 남에게 하지 않는 것, 목례나 두 손으로 받는 작은 예의가 사람을 만든다.

이 단순한 예의들이 모여 우리를 사람답게 유지한다는 사실을 다시금 되새긴다.

피할 수 없는 새벽

어느 중심에서 서서히 나를 밀어내는 힘이 있다. 아무리 매달려도 소용없다. 되돌아가려 발버둥쳐도 헛수고다. 다시 동녘에서 얼굴을 내미는 오늘을 피할 수는 없다.

나는 또다시 일상으로 발을 들여놓고, 한편으로는 종말의 종소리에 귀 기울인다.

그럼에도 오늘을 처음인 양 최선을 다해 살아내려 애쓴다. 이 늦은 생에서 달리 무엇을 할 수 있겠는가?

강물은 여전히 유유히 흘러간다. 대도시의 야광, 초롱한 눈빛들, 너희는 밤중에 무엇을 보고 있는가. 온밤을 지나 알면서도 입을 다무는 그 태도에 나는 속상하다.

어느 신이 내게 묻거든, 이 삶을 무엇이라 대답할 것인가.

"찬란했노라" 할까, "최선을 다했노라" 할까, 혹은 "끝까지 꿈꾸었노라" 할까.

나는 늘 오늘보다 나은 내일을 위해 애썼다고 답하고 싶다. 생물들이 저마다 최선을 다해 삶을 지키는 그 모습, 그 헌신이 가장 아름다운 풍경이리라. 언제부턴가 나는 흰옷을 입고 줄을 선다. 서열에 맞춰, 바라는 도착지에 닿기를 기도하며.

내가 택한 길이 옳았기를, 간절히 비는 새벽이다. 깊이 파고든 이 시간 끝에서, 삶의 질문들에 대한 정답은 아직도 멀리 있는 듯하나, 어쩌면 그 답은 발걸음 하나하나에 숨어 있을지도 모른다.

세월은 강물처럼

강물은 흐른다. 살아 있는 모든 것의 고뇌를 낚아채 싣고 사랑의 모형을 또렷이 남기며, 써버린 시간들을 짐짝처럼 싸 들고 연신 손을 흔들며 세월은 강물처럼 흘러간다.

우리는 늘 마음이 아프다고 말하지만, 진짜 아픈 것은 뼛속 골수까지 아픈 것인지도 모른다는 생각이 스친다.

샌프란시스코 베이 에어리어 전체가 어쩐지 얼굴을 찡그리고 있는 듯 보인다. 어디가 아픈가 무슨 병 때문인가, 나는 공연히 답을 찾아본다. 경쾌한 아침의 음악을 외면한 채 세상은 짙은 안개 속으로 숨고 있다. 무엇이 그토록 무서운가.

나는 깊은 자연의 뜻을 알아차리고 자세를 고쳐 앉는다. 늘 '나'만을 들여다보던 시선이 줄줄이 묶여 이어진 자신을 발견하게 된다. 세상에 온전히 순종하고 복종해야 하는 존재로, 나는 지금에야 비로소 깨닫는다.

줄줄이 이어진 '나', 세상은 분명 나를 필요로 하고 있음을 새롭게 느끼는 아침, 그래서 나는 차렷자세를 유지한다. 나는 혼자가 아니다. 모두가 함께 발맞추어 나아가야 할, 하나의 생명의 줄 위에 서 있음을 이제야 겨우 알아차린 초생아 같은 나. 비는 내리지만, 우산은 없다. 그 대신 종이 위에 그릴 수 있는 작고 따뜻한 사랑은 있다. 사랑은 늘 도망가지만, 눕지 말고 일어나라고 스스로를 다독인다. 밤은 아직 멀리 있으니, 생명줄을 놓지 말고 눕지 말아라.

 고향의 노래

찔레꽃 붉게 피던 고향, 노래처럼 언덕 위 초가삼간이 그립다.

1960년대 보스턴에 피던 빨간 장미 한 송이가 그리운 날, 세상의 반짝이는 눈빛들이 나를 가만두지 않는다. 일어나라, 춤추라, 외쳐라, 달려라, 끊임없이 나를 부추긴다. 영문도 모를 때조차 나는 따라야만 했고, 세상에 실려 흘러가면서도 두려웠다. 내 생명을 관장하시는 신이 계시다면, 부디 나를 똑바로 앉혀 얌전히 기다리게 도와주소서.

Mommy, I like your side of family. They are so sincere, they don't use tricks.

(엄마, 난 엄마 쪽 가족이 좋아요. 그분들은 정말 진실해요, 꾸미거나 속이는 일 같은 건 안 하니까요. 우리친정은 잃을 것이 없어서일까, 딸들이 우리 친정 식구들을 보고 하는 말이다.)

구름 같은 인생, 신비로운 천지에 태어나 함께한 긴 세월은 큰 축복이었다. 늦은 이 순간 흘리는 감사의 눈물, 이 고마움을 어떻게 보답할 수 있을까. 침묵하고 자랑하지 않는 이 천지 속에서, 아직도 나는 그 중 반짝이는 작은 보석이로다.

삶의 계단을 오를 수 있는 한

아침에 스스로 일어나 삶의 계단을 오를 수 있는 한, 여전히 삶은 축복이라 생각한다. 나이가 점차 아흔으로 향하는 즈음, 몸이 내 말을 더 이상 잘 듣지 않을 때가 곧 혼란의 시작임을 새삼 깨닫는다. 전신이 개운치 않고 육체 어딘가가 삐걱거리는 이 아침, 나는 내 나이를 알아보는 몸의 신호들을 느낀다.

수없이 던진 질문들에도 천지는 여전히 묵묵하다. 왜 나는 여기 있는가, 무엇을 위해 더 살 것인가를 묻는다. 한때 큰 야심을 펼쳤던 남자가 가족을 위해 그 야심을 접고 온전히 헌신했을 때, 나는 그 남자의 곁에 있음만으로 충분히 행복했다고 느꼈다. 한 여자로, 한 주부로, 한 엄마로, 한 인간으로 '그만 되었다'고 안도할 수 있었다면, 그것이 곧 내 삶의 성취이리라. 그러나 "그저 살다 보면 살아진다"는 노래처럼 단순할까. 나는 더 깊고 무게 있는 무언가를 원한다. 지금 내가 가고 있는 길이 전부인지, 혹은 모르고 있던 다른 길이 있는지 자문한다. 너무 늦었는지, 아직 기회가 남았는지 불안해진다.

날마다 변해가는 몸과 마음이 나를 자주 숙고하게 만든다. 신체의 작은 신호들이 내게 말을 걸고, 나는 더는 일초도 함부로 보낼 수 없음을 느낀다. 남은 날들이 소중하니, 나는 내 몸을 다독이고 호흡을 가다듬어 한 걸음씩 또 계단을 오른다.

 햇살 아래 다시 일어서며

저 멀리 S.F.의 고층 빌딩 유리창이 햇살을 받아 강렬한 빛을 쏟아내는 아침, 나는 내 삶의 답을 찾아 아직 살아 있는 눈동자에 불을 켜 본다. 이 한번의 이 소중한 하루가 시작되는 매초마다, 찬란한 햇살에 매달려 나는 다시 열광하고 일어서려 한다. 남은 젊음을 더는 빼앗기지 않으리라 다짐하며, 두 팔로 나를 껴안고 허리를 곧게 펴 한 걸음씩 조심스레 나아간다.

생명들은 모두 줄을 서서 저마다의 처량한 피리 소리를 듣고 있다. 누구의 이름이라도 부르고 싶은데, 어째서 그 이름들이 잘 떠오르지 않는가. 세파에 흩어졌는지 스스로 숨었는지, 지금 남는 건 '엄마'라는 한 음절뿐이다.

나는 왜 가고 싶었던 길에서 반쯤 돌아서 버렸을까. 끝까지 가 보아야 했던 그곳의 끝을 보고 싶었는데, 이제는 누군가가 "너무 늦었어" 하고 속삭인다. 그렇다면 이제 나는 무엇을 해야 하나.

최선을 다해 삶을 조립해온 우리들은 어느 순간 세상이 "어디로 가겠느냐"고 다그치듯 덤벼드는 것을 느낀다. 너무 늦은 시점에서 왜 지금에 와서 묻는가 싶지만, 책장을 넘기듯 하루는 조용히 밀려온다.

이 세상에 나를 세우신 신이 계시다면, 방황하는 나를 지금 보시지요? 자욱한 안개에 흩어진 수갈래 길 가운데, 나는 이제 어디로 가야 합니까?

새벽 창가에 부는 숨결

눈물을 참으려 두 눈을 꼭 감아 보지만, 비좁은 틈으로 흘러내리는 눈물은 어쩔 수 없이 심장까지 스며들어 가슴을 흥건히 적신다. 이 아침, 처량한 피리 소리가 슬픔을 불러오나 나는 배경음악을 바꿔 경쾌한 기타 선율로 이 순간을 끌어들이려 한다.

《삶이란 무엇인가?》

경황없이 이토록 멀리 온 뒤, 나는 다시 정중하게 자신에게 묻는다. 삶이란 무엇이었는가. 지그덕거리는 발자국으로 채워진 광장에서, 이제는 삶의 반대쪽 끝에서 허둥대며 무언가를 찾고 있다. 늦은 깨달음 앞에선 이미 어쩔 수 없는 지점임을 안다.

쓸데없는 하소연은 그만두고 돌파구를 찾아야 할 때다. 침실 창을 통해 불어오는 신선한 공기가 내 안을 비집고 들어와 나를 새롭게 빚는다. "좀 더 기다려 보자"라고 스스로 달래며, 조금만 더 버텨본다.

나는 매순간 애타게 무엇을 찾았는지 묻는다. 잃어버린 것이 무엇인지조차 잘 떠오르지 않으나, 내일을 비출 작은 불빛을 잊지 않기를 바란다. 보이지 않는 손길이 우리 정원의 선풍기를 돌리는 듯, 누군가 저 너머에서 나를 끌고 가는 느낌이 든다. 당신이 누구인지 묻고 싶다. 그 흐름을 따라 나도 흘러간다. 분명 나는 어제도 살아 있었다. 조각난 그림자들이 그것을 증명한다. 오늘도 나는 살아 있고, 어제를 다시 펼쳐 다듬는다. 다가올 내일들에도 내가 살아 있을 것이라는 예감이 있으므로, 그 내일들을 빛나게 하기 위해 지금 이 순간을 숙고한다. 조금 더, 더 빛나게 남을 삶을 위해.

매일의 작은 약속과 맹세

하루하루가 쌓여 내가 빚어지는 힘이다.

그 하루 하나라도 빠지면 나는 무너질 것처럼, 매일의 작은 약속과 맹세로 '나'를 예쁘게 가꾸려 애쓴다. 수없이 다른 얼굴로 다가오는 날들, 무수한 가능성을 품고 오는 하루들.

나는 천 번도 더 다듬고, 수없이 달래며 스스로를 붙든다. 신이시여, 주저앉지 않도록 똑바로 서게 도와 주소서. 모심기하듯 소소한 일상을 정갈히 심어 알뜰히 키우게 하소서.

때로는 자잘한 가지를 쳐내고, 아득한 앞길로 망설임 없이 돌진해보고도 싶다. 옛일을 지워내고 안개 옷을 걸친 채로, 그렇게 무모하게라도 한 번 질주해보고픈 마음.

태극 마크 가슴에 달고 Boston을 수놓던 젊음의 꽃들과 벌들, 그때로 돌아가 다시 웃고 싶기도 하다.

하늘은 시시각각 장면을 바꾼다. 먹구름, 흰구름, 때론 무지개를 띤 푸른빛으로. 변덕스러운 하늘을 원망하다 문득 길을 잃은 자신을 본다. 생각은 삶의 한가운데로 파고들어 꿈의 열매를 맺게 하고, 비록 누군가는 "그만"이라 해도 마음은 또 다른 일을 꿈꾸곤 한다.

홀로 보낸 세월은 한 그루 나무 아래 소복이 쌓여 그림자를 드리운다. 해도 되고 안 해도 무난한 일들, 하지만 하면 더 낫지 않을까 싶어 아직도 그 주위를 맴돈다.

세월은 하나 둘 인연을 놓고 각자의 길로 내려간다. 12월 찬공기를 들이마시며, 나는 내려갈 길이 많지 않음을 실감한다. 가득 차 있지만 허무한, 먼지처럼 가벼운, 그리고 가득한 그런 감정이 두 뺨을 스친다.

마음의 촉수를 높여

꿈의 뿌리마다 송송히 촉이 돋아난 곳으로 눈길을 보내면, 그림자 여울들이 아득히 멀리로 천만 갈래로 흩어져 내려간다. 그려진 빛살 무늬를 바라보며 나는 묻는다.

내 마음의 촉수를 더 높여 세상 저 멀리를 훤히 바라볼 수는 없는가?

힘들다 하지 마. 외롭다 하지 마. 슬프다 하지 마. 그저 감사하다고 해.

시간을 지금 깨우지 말아 달라. 잠들어 있는 시간을 가만히 내버려 두자. 나는 잠시 쉬고 싶고, 여기 좀 더 머물고 싶다. 시간이 잠들어 있는 사이 조용히 걸어가자. 우리 모두 잠시 쉬어야 하니까.

새벽의 훈시

부스럭 소리, 시간이 깰 듯하다. 시간은 내 손을 잡아 끌고, 알록달록한 생각들이 새벽을 채운다. 빨강, 노랑, 파랑, 알록달록, 몰려오는 생각들을 서둘러 앞섶에 줍는다.

밤 사이 소리 없이 봄이 밀려와 천지에 소복이 쌓였다. 봄은 누가 데려왔을까. 집 앞뜰과 뒷뜰, 사방에 봄이 깔렸다. 봄볕 아래서 문득 나는 나를 안아본다. "사랑한다" 하고 말해 주면, 내 안에 숨겨진 꽃이 피어난다. 어여쁜 내가 보인다. 이제 내게 남은 날들이 몇 계절일지 모르나, 늦었어도 나는 애써 내 삶에 물을 주고 일으킨다. 오늘도 '예쁜 마음 가꾸기' 그 마음으로.

인생은 한철 꽃처럼

강물처럼 흘러가는 생명들, 온갖 고난을 이겨내고 이 새벽에 다시 고개를 든다. 살아 있는 것들의 힘찬 생동력에 가슴이 울린다. 언덕 집에서 내려다보는 삶의 풍경은 또렷하다. 애처로운 삶에 붉어진 이들의 얼굴과 움직임이 한눈에 들어오고, 나는 이유 없이 가슴이 두근거린다.

'모른다'는 가장 쉬운 말만 되뇌다가도, 나는 다시 무엇을 기다리는지 스스로 묻는다. 살아있어야 할 이유를 찾으려 깊숙이 들어가 보는 또 하나의 새벽이다.

안개가 밀려오는 창가에 서서 만물의 날개 펴고 접는 모습을 처음 보는 듯 지켜본다. 존재의 이유에 대한 엉뚱한 토론이 머릿속에서 시작되면, 나는 견딜 수 없어 방황의 길로 나선다. 그러므로 우리는 어쩔 수 없이 시인이자 철학자가 된다. 지난 순간들의 기쁨과 환희를 돌이켜보면, 그리움에 흠뻑 빠지곤 한다.

내 지난 날들은 내 살과 뼈가 되어 결코 떼어낼 수 없는 소중함이었다. 그로 인해 나는 이제 충분히 되었다고, 감사할 수 있다. 그 감사들을 모아 지금 앞에 쭉 세워놓고, 인생의 충만을 잠시 음미한다. 다가올 순간들의 손을 공손히 잡고, 마지막까지 나를 이어갈 훈련을 굳게 약속한다. 바람에 흩날리는 꽃잎처럼 살았음을 깊이 느끼며, 그 자유의 몸짓으로 흩어지더라도 후회는 없다.

어쩌다 선명히 드러난 지금 이 찰나, 내 모습이 그 속에 섞여 비칠 때 나는 놀라고 또 슬퍼진다. 인생은 한철 꽃처럼 피었다 지는 것일지라도, 그 사이 나는 끊임없이 계산하고 더하고 빼며 살아왔다. 그 모든 날들이 모여 지금의 나를 이루고 있음을, 나는 조용히 받아들인다.

제 2 장 순간을 붙들라는 명령

 남은 날들에 바치는 맹세

또다시 새벽이 오면 살아 있다는 표징으로 우선은 벌떡 일어난다. 보잘것없는 노인의 몸은 가벼운 무게에 휘청거리고, 끊어진 꿈들의 펄럭임 사이로 그림자를 밟으며 하루를 내려간다. 도착지엔 불 꺼진 덤불뿐, 나는 여전히 묻는다. 이제 진정 어디로 가야 할까?

무엇이든 해야 한다. 살아있다는 증표를 남겨야 한다. 그런데 천지는 왜 내게 한마디도 들려주지 않는가. 남은 시간의 덩어리 속에서 나는 조금씩 알 수 없던 '나'를 다시 열어 본다. 나는 누구인지, 무엇을 위해 사는지, 존재의 이유를 다시 캐기 시작한다.

아리송한 의문 덩어리로 굴러온 긴 세월 뒤, 나는 스스로에게 당부한다. 이 삶에 너무 애착하지 말라. 떠날 날이 멀지 않으니 다정함에 휘둘리지 말고 모르는 것은 눈감아라, 못 본 척하라.

만물들이 서로 주고받는 알뜰한 사랑스러움을 넋 놓고 바라본다. 꽃과 나비, 새들이 서로를 쓰다듬고 돕는 모습 앞에서 나는 포근한 평화를 느낀다. '나'와 '너'가 함께 만드는 세상의 원리 앞에서, 이 연약한 생명줄을 조금 더 이어가고 싶어진다.

삶은 흐르는 물처럼 저절로 흘러간다. 해를 맞이하고 달의 다독임 속에 잠들며, 나는 다시 한 번 날고 싶다. 꿈들을 움켜쥐고 파도처럼 철썩이고 싶다. 진정 한 번 더 맨발로 뛰쳐나가고 싶은데, 왜 이제는 안 되는가? 왜, 정말 안 되는가?

모든 이는 자기 삶을 책임지고 길러 내야 한다는 깨달음이 이 나이가 되고 보니 더욱 뚜렷하다. 타인을 위해만 사는 것은 잘못된 생각이다. 건실한 자기 삶 속에서만 모든 것이 따라온다.

나는 다가오는 하루에 맹세한다. 이 하루, 온 마음을 다해 나를 다듬고 키우겠노라고. 그러나 시계추는 쉬지 않고 똑딱거린다. 누가 그 시간을 잠시 멈출 수 있을까. 창조주께서 왜 이처럼 긴 생명을 허락하셨는지, 떠날 때를 미리 감아 두신 것은 아닌지, 아침마다 다시 묻는다. 아직 두 손을 내려놓을 수 없으니, 가치 있는 무엇을 찾아 조금 더 밀고 나아가야 한다.

어느 순간 깨달음의 물결이 밀려올 때, 아름다운 천지자연의 자태들이 나의 가슴을 울린다. 산과 물결, 꽃과 벌, 새들이 침묵 속에 우뚝 서 있는 그 모습들 앞에서 나는 감격의 눈물을 글썽인다. 이 순간만큼은 모든 것이 감사하다. 남은 날들이 쭉- 감사로 채워지기를, 나는 나에게 간절히 부탁한다.

한 송이 인생 꽃으로

또 다시 7월이다.

7월은 당신과 나, 우리들의 달. 당신을 나의 주인으로 맞이했던 달이다.

무더위를 이겨내며 생명들은 내일을 향해 굳건히 걸어간다. 땀 흘리는 발걸음들, 저마다 단단해져 불살라지는 삶의 기운들.

나도 한 송이의 인생 꽃으로 피어나기 위해 걸음을 멈추지 않는다.

아장아장 걸어온 세월과 손을 맞잡고 맞이한 파릇한 새날들, 7월은 여전히 그런 달이다.

가슴에 단 Shin Family 이름표를 안고 미소를 품는다.

감사로 가득한 발걸음, 물러설 수 없는 마음, 그달엔 우리를 기다리던 <Norse Legends Holland America Line> 크루즈의 기억도 있다.

자유가 줄어든 지금, 자유의 소중함을 더 절실히 느낀다. 밤의 발소리조차 조심스러운 요즘, 노인의 허연 모습마저 스스로를 차려 세우게 한다. 매일을 엄하게, 그러나 감사로 살아낸다. 어제의 불꽃놀이 미국 독립기념일의 요동치던 빛들은 이내 가라앉고, 만(灣)은 차분해졌다. 이 아침, 말쑥히 단장한 세상 앞에서 나는 다시 시작을 다짐한다.

번쩍이던 고민들을 불꽃에 실어 날려 보내고, 다시 삶의 원형으로 돌아가 깎고 다듬는다. 다시 일어나 다시 걷는 그 연속이야말로 인간의 장하고 기특한 모습이다.

찬양하리, 이 작은 그러나 굳건한 시작들을.

거울 앞 세월의 자국

사방이 단단히 다듬어진 천지, 기나긴 세월을 지나 우뚝 선 그 신비 속에 내가 서 있다. 이제 와서 감사 외에 무엇을 더 바라겠는가. 머리 숙여 감사한다. 불평은 어리석음일 뿐, 남은 날 내가 할 일은 이 감사들을 천지에 어서 풀어 놓는 일이다.

보이지 않는 위태로운 끈에 매달린 채, 나는 여전히 어디로 가야 하는지를 묻는다. 꼭 붙들 수도, 놓을 수도 없는 연기처럼 떠도는 '나'. 안개가 걷히고 해가 떠오르기를

그저 믿으며 기다리기만 해도 되는가. 거울 앞에서 세월의 자국을 더듬으며 나는 다시 나에게 다짐한다.

아무리 들여다봐도 세상은 그대로, 그래서 이제는 세상과 화해하려 한다. 우리가 걸어온 길을 따라 남겨진 꿈들을 물결 위에 띄운 채, 하나씩 내려놓으리. 지난날들을 묻으면 홀가분해질 때가 오리라.

생명들은 천지를 향해 날카로운 눈빛으로 달려가고, 나는 그 눈빛들 앞에서 내가 어쩌다 여기까지 왔는지 되묻는다. 월요일 아침, 새날이 스크린처럼 바뀌며 다시 내 앞에 선다. 세찬 물살에 밀려도 우리는 달려가야 한다. 꽃은 피고 지고 벌과 나비는 다시 오지 않는 진실 속에서, 받은 만큼 주어야 하는 삶의 원리를 배운다. 어제는 찡그렸던 아침이었고, 오늘은 어쩐지 웃음이 번진다. 매일의 얼굴은 다르다. 그 변하는 아침들을 맞이하며, 나는 남은 날들을 감사로 채우겠다고 다시 한 번 다짐한다.

살아있어 감사한 아침

오늘 아침이 반짝이는 눈빛으로 미소 지을 때, 만물이 하나로 어우러지는 이런 축복의 날, 나는 이 세상을 다녀가는 것에 깊이 감사한다. 아름다운 천지에 내가 섰음을 새삼 깨닫고 감동이 밀려온다. 첫눈 뜨는 아침마다 내 이름을 하늘과 땅에 불러보면, 그 순간 감사의 떨림이 미세한 전율처럼 온몸을 울린다. 아침이 전하는 소리는 분명 나를 훈련시키는 교훈이다. 그 교훈을 따라 매날 새로 태어나 왔음을 떠올리며, 나는 자세를 바로잡는다. 나를 길들이고 다듬는 일은 결국 내가 책임질 몫이다. 호령과 꾸중, 가끔의 칭찬으로 스스로를 단련하는 과정 속에서, 홀로 서는 일이 얼마나 외롭고도 두려운지 깨닫는다.

생명들은 서로 공기를 나누며 저마다 존재를 다듬어간다. 그 눈물겨운 노력이 곧 아름다움임을 알게 되는 순간, 비로소 '살아 있음'의 실감이 다가온다. 어쩌면 너무 늦은 깨달음일지라도, 지금 이 아침에 나는 깨어 있고, 이 세상이 다시 보인다.

오늘의 숨결을 놓지 않고

천지는 아무 것도 모르는 듯 조용히 아침을 연다. 꽃들만은 바람에 몸을 맡겨 춤추며 저마다의 빛나는 자태를 활짝 드러낸다. 정오의 따가운 햇살이 오기 전, 이 시간의 온기와 고요가 내게 말을 건다.

언덕 위 침실의 유리창은 180도 세상을 담아 매일 많은 이야기를 전해준다. 창가의 난(orchid)과 여러 화분이 조용히 공간을 꾸미고, 밖과 안이 하나로 어우러질 때면, 나는 이 세상에 손을 얹은 듯 깊은 감사에 젖는다. 빽빽한 공기와 억센 바람을 헤치며 우리는 다음 순간을 향해 나아간다. 오늘, 내일, 더 먼 계절로.

안개가 세상을 하얗게 덮을 때면 불안이 스며든다. 오롯이 나 혼자 흐려진 풍경에 남겨진 듯 외롭다. 그러나 커튼이 걷히고 안개가 물러나는 순간, 집집의 굴뚝과 지붕들이 하나 둘 얼굴을 드러내며 환희가 밀려온다. 살아 숨 쉬는 세상 안에 내가 있다는 사실에 가슴이 저려 눈물이 난다.

나는 다시 발을 힘주어 차고 세상 속으로 뛰어든다. 적어도 내일까지는, 어쩌면 그 다음 내일까지도. 고요한 시간에 지난 삶을 돌아보면, 나는 사소한 것 하나까지 아끼며 살아왔음을 기억한다. 떠날 날이 가까워도 여전히 나는 그러하다. 오늘의 숨결을 놓지 않고, 또다시 이 아침을 맞는다.

아침의 호령

눈부신 아침이 내 이름을 다시 한 번 목청 높여 부른다. 선잠에서 막 깨어나 대답 못 들었나 싶어, 또다시 이름 더 크게 불러준다. 이번엔 손까지 번쩍 들어 "여기"라 외치며 하루를 알린다. 내 마음엔 거미줄처럼 촘촘한 세상 줄들이 쳐져 있다. 아직 줄을 당기지 않은 채 햇살에 눈부셔 조용히 자리 지키는 천지, 각자의 자리 지키는 모습이 참으로 아름답다. 바위처럼 단단한 것에 나를 훈육당할 것인가, 아니면 흘러가는 강물처럼 모든 것을 풀어놓고 유유히 흐를 것인가. 삶의 끝자락에 서서도 나는 자꾸만 다시 시작을 따져본다.

아침의 연가가 연달아 새날을 불러들이는 이 시간, 나는 내 머무를 자리를 손가락으로 짚어 본다. 한평생 방황하다 좁혀 온 자리, 이제 남은 날은 그 자리에서 편히 잠드는 것일까. 그러나 천지가 내 시선을 붙들어 놓으려 하니, 나는 오늘도 초롱한 눈빛으로 단장한 새날 앞에 서서 떠나기를 거부한다.

어느새 나는 나이를 거꾸로 세어간다. 되돌아 내려가는 길에서 기억을 하나씩 지우고, 미끄러지고 넘어지며 내려간다. 주먹의 힘을 빼고 마지막 용서를 나누며, 줄 것과 받을 것을 정리한다. 그럼에도 오늘 나는 덩치 큰 차를 몰고 도로를 호령하듯 이번 하루를 달린다. 여전히 존재를 증명하듯, 또 한 번 "여기"라 외치며.

나를 토닥이는 아침 산책

아침이면 언덕길을 가슴 활짝 펴고 걷는다. 꽃마다에게 눈인사를 건네고, 새들의 노랫소리를 가슴에 담아 더 큰 사랑을 키운다.

인생의 긴 여정 끝에서 막힌 길 앞에 멈출 때면, 나는 곧잘 나를 살살 달랜다.

이젠 억지부리지 말고, 좁게 열린 사잇길로 살짝 비집고 한 발 내디뎌 보라고. 자세를 고쳐 앉아 좀 더 참고 가자며 곱게 토닥인다. 새로 떠오르는 태양 앞에서 나는 손을 번쩍 들어 약속하듯 선서한다. 오래 머물며 늘어놓던 한탄은 이젠 그만이다. 늦었더라도 지금부터 새로운 나를 찾아보겠노라 다짐한다.

하지만 닫힌 꿈의 문을 어떻게 열까. 원초적 시작으로 돌아갈 수는 없을까. 삶은 그냥 유유히 살다 가는 것 아닌가, 주어진 대로 살다가 때가 되면 훌쩍 떠나는 것 아닌가. 나는 혼란스럽고 모른다, 정말 모르겠다.

그러던 어느 순간, 나는 내게 너무 약하다고 결론 내렸다. 잠에서 깨어 정신이 번쩍 들며 스스로를 "가엾은 것"이라 불렀다. 이렇게 빈약한 모습으로 마감하는 건 부끄럽다. 평범한 수준에도 미치지 못하는 내 자신이 참을 수 없이 민망하다. 누군가 내 머리를 갈기며 "이 바보 같은 것"이라 꾸짖는 것만 같아 온 신경이 곤두선다. 이제 하루의 길이가 예전과 다르게 느껴진다. 한 시간이 더 길어진 듯, 그 24시간을 어떻게 채울지 생각이 깊어진다.

계속 달리리라는 새벽 맹세

어제 보낸 안부의 회답은 모두 비어 있고, 그 허전함에 방안을 맴도는 내 발걸음은 또다시 분주해진다. 정원의 꽃잎은 한 잎씩 떨어지고 벌과 나비의 발걸음도 느려지는 계절이다. 시간은 숨을 고르고 침묵은 더 무겁게 깔리지만, 새벽은 여전히 내 궤도를 벗어나지 않고 나를 앞으로 밀어 준다. 그 새벽 하나 때문에 나는 아직도 살아 있음에 감사하고, 비어 있지 않다.

달이 지고 새날이 열릴 때면 나는 다시 달리리라 다짐한다. 세상은 내가 알던 것보다 훨씬 넓고 광대하다는 깨달음이 밀려올 때, 나는 수락하는 자세로 속력을 낸다. 보름달이 넘어가고 또 다른 기다림이 도착할 때마다, 나는 작디작은 생명으로 자세를 바로잡고 한 발 더 전진하리라 맹세한다. 이 땅에서 숨 쉬는 존재 중 하나로서, 하루만큼 더 힘껏 달릴 것이다.

오늘은 그 달리는 날이다. 생명은 강하고, 목숨이 붙어 있는 한 내일은 반드시 온다. 모습은 달라질지라도, 누가 모르는가. 그러니 그냥 달려라. 강을 건너고 언덕을 넘어 숲길을 헤치며, '나'를 말리는 이 아무도 없는 날에는 멋지게 뛰어라.

순간을 붙들라는 아침 명령

천지에 숨은 무형의 힘들이 꿈틀거리며 사방에서 "여기야" 하고 얼굴을 내밀 때면, 졸음처럼 감도는 나의 잠은 순식간에 깬다. 어디선가 들려오는 소리. "내일이면 너무 늦을 거라" 그 말은 가끔 나를 붙들어 밤새 뒤척이게 한다. 꿈의 끝은 어디인가, 얼마나 멀리 있기에 아직 닿지 못하는가.

대도시가 하품을 하고 기지개를 켜는 부스럭거림 속으로 나는 이끌린다. 누가 "내일이면 늦다"고 했는가? 에크하르트 톨레의 말처럼, 지금 이 순간의 힘을 붙들어 오늘을 반듯하게 다듬어야 한다. 1년 후는 아득히 먼 미래일지 모르지만, 오늘과 어쩌면 내일을 정성껏 살다 보면 그 또한 마주할지 모른다. 지금 가장 중요한 것은 바로 이 순간이다.

보이지 않는 곳에서 누군가 내 손에 펜을 쥐어주고 삶을 그려가라 명령하는 듯한 날들이 있다. 그 명령은 때로 억센 물결처럼 나를 요동치게 하고, 나는 구불구불한 삶의 자취를 남긴다. 그러나 가끔은, 단 한 번만이라도 푸른 초원에 누워 쉬고 싶다는 소망이 밀려온다.

"신이시여, 저를 좀 쉬게 내버려 두소서."라는 간절한 기도는 오늘을 버티게 하는 연약한 외침이다. 그럼에도 불구하고 새벽은 내 궤도를 벗어나지 않고 나를 앞으로 민다. 순간의 삶이 점 찍어가는 징검다리를 조심스레 건너며, 나는 또다시 펜을 들어 하루를 기록한다.

숨 쉬는 한, 이 아침이 내게 주는 빛을 보고 걸어야 한다. 남은 시간은 적을지라도, 오늘을 정성껏 살아내는 자에게 내일은 결코 완전히 닫힌 문이 아니다.

잠시 쉬고 싶은 마음과, 오늘을 놓치지 않으려는 다짐 사이에서, 나는 또다시 일어선다. 지금, 이 순간에 충실하라. 그 명령이야말로 삶을 가다듬는 유일한 길임을 나는 배워간다.

제 3 장 다시 돛을 올리며

가을에 부쳐

이곳으로 옮겨 온 지 어언 일 년, 나는 내게 다시 시작하기에 내가 너무 늦은 것은 아닌가 하고 묻는다. 가을은 고뇌의 조각들을 긁어모아 나에게 돌려준다. 먼 데서 스님들의 목탁 소리가 애잔하게 울려오는 쓸쓸한 계절, 내 앞엔 아직 아무것도 쓰여 있지 않은 빈 칠판이 놓여 있다. 그 공허가 이 가을의 쓸쓸함을 더 짙게 한다.

사계절은 누군가가 보낸 안부처럼 옷을 갈아입게 하고, 나는 그 계절의 변화에 몸을 맡기며 아침의 품에 스스로를 내준다. 화창한 날엔 바람도 잔잔히 날개를 접고, 햇살은 꽃들 위에 사뿐히 앉아 세상을 감사로 채운다. 그러면 나는 참으로 복된 생명임을 새삼 깨닫고, 감사하게 된다.

내 중얼거림을 '수상록'이라 부르기엔 부끄럽다. 그러나 몽테뉴가 말했듯, "자신에 대한 사유를 써 내려가는 글"이라면 이 작은 기록들도 수상록이라 불릴 수 있으리라. 매 순간 생동하기 위해 최선을 다해 나를 이끄는 것, 알뜰히 하루를 추슬러 쌓아온 것들이 지금의 나를 이룬다.

기다림의 봄은 어슴푸레하고, 나는 이미 이 세상과의 마지막 인사를 준비하는 흰 겨울을 떠올린다. 발자국을 눈 위에 남기고, 그 위에 뜨거운 눈물을 떨구며 지난 기억들을 서서히 녹여 보낸다. 그렇게 나는 차분히 '무(無)'의 형상으로 가까워진다. 끝으로 향하는 길이 두렵기도 하지만, 그 길 위에서 나는 여전히 기록한다. 살아온 흔적과, 감사와, 조용한 순종의 빛살을.

다시 돛을 올리며

아직 완전히 숨지 말자. 한 번 더 깊이 호흡하고, 맨바닥을 세게 박차며 발을 내딛어라. 문이 열릴 그 순간까지, 아직 살아 있음을 증명하라.

지나간 세월을 되찾으려 애쓰는 건 어리석음일 뿐이다. 지금 이 순간, 현재 안에서 나를 곧게 세워라. 돛을 더 높이 올리고 내면의 빛을 등대 삼아 서라.

언덕을 다시 뛰어오르자. 오직 오늘을 위해, 오직 나의 길을 향해. 누군가가 어리석다 할지라도, 그 바보스러움이 나의 본 모습이라면 부끄러움 없이 그 길을 새기면 된다.

바다 위에 띄운 감사

2024년 7월 26일 딸들과 추억을 깊이 남길 암스테르담까지 크루즈 여행을 했다. 배 위의 푸른 바다 한가운데, 흰 구름 아래 푸른 바다 한 가운데 배 위에서, 나는 '살아있음'을 다시 확인했다. 배 위에서 느린 걸음으로 나를 다듬고, 조금은 뻐기며 하루를 건너간다. 이 하루가 축복임을, 나는 감사로 채운다.

내 마음에 긁적이는 줄 한 올이 남아 있다. 그것이 무엇인지 이름 붙여 보니, 감격의 눈물마저 바닷바람에 말라가는 이 순간 나는 그것을 '행복의 그림자'라 부른다. 삶의 껍질은 세월에 흘려보내고, 알맹이는 바닥으로 가라앉는다. 시작과 정착 사이 갈림길에서 나는 자주 부끄러워진다. 세상은 이미 나를 앞질러 갔고, 나는 먼 자리에서 그 풍경을 바라볼 뿐이다. 뛰어들 용기는 없어 글로 숨어들지만, 그 또한 나의 한 방식이다. 변두리의 따스한 햇살과 살랑이는 바람이 나를 어루만진다. 이 자리도 괜찮다. 세상에 고마움을 전한다. 아주 많이.

또 하루의 탑을 세우며

이 세상에 태어난 의무가 아직 내게 남아 있음을 깨닫는 순간, 나는 한층 더 나를 다잡는다. 신의 가호가 함께하기를 간절히 바라며, '시'에 대한 김이듬 시인의 가르침을 떠올린다. 그는 시간은 별 모양의 얼룩처럼 번지고, 시는 생의 전체가 아니라 순간을 포착하여 창조된다고 했다. 직관적 인식, 순간의 감정, 날카로운 단면 속에 영원한 현재를 붙잡는 일, 그것이 시의 순수성이며, 자아를 몰입시키는 독백적 장르라 했다.

그러나 내게 시보다 더 절실한 건 이 하루다. 어제의 하루는 이미 늦었고, 내일의 하루는 아직 오지 않았다. 올지조차 알 수 없다. 그래서 오늘의 하루가 내게 가장 소중하다. 나는 이 하루를 빈손으로 보내지 않으려 땀방울로 촉촉히 적시며 전심을 다한다.

내 뒤안길에 소복이 쌓인 날들의 흔적에게 진심으로 고마움을 보낸다. 또 하루를 이어 보태며 촌음을 아껴 이 순간을 다듬어 간다. 내 생명에 작은 탑이라도 세우려는 듯, 멈추기를 거부하고 감사에 흠뻑 젖는다. 누가 나를 밀쳐도, 이 하루를 붙드는 내 자리는 결코 흔들리지 않을 것이다.

생명의 소중한 가르침

나의 깊은 곳 어딘가에서 실처럼 솔솔 풀려나와 들려오는 이 소리들. 나는 가만히 받아 적으며 묻는다. 이토록 생명의 소중한 가르침을 전하는 목소리는 누구의 것인가. 감사로 흘리는 새벽의 눈물 방울들 모으듯, 나는 그 소리를 모은다.

그냥 빈손으로 보낼 수 없는 이 하루. 노동의 땀방울, 꽃에 입맞춘 달콤함, 귓전을 스쳐간 새들의 노래, 동쪽 하늘을 밝힌 아침 햇살과 저녁의 노을, 우윳빛 안개와 언덕 위의 억센 바람, 줄지어 달리던 차량들. 그 속에 실려 다시 해 온 나의 무수했던 오늘들, 그 행진의 또 다른 하루.

한창 시절 세상에 약속했던 것들, 전부는 아니더라도 작은 한 조각이라도 이루어야 떠날 수 있을 것 같은데 이젠 너무 늦었는가. 나는 시간에 매달려 간절히 사정하며 그 약속을 지킬 수 있게 도와 달라 애원한다. 그러나 삶은 휙 지나가는 바람 같았다. 알뜰히 모은 욕심은 무엇을 위함이었는가. 허사였는가.

오늘만큼은 모든 것을 훌훌 잊고 가볍게 살리라 다짐한다. 이제 내 앞에 얼마 남지 않은 날들. 이 세상 천지에서 나는 감쪽같이 사라져야 한다는 것. 왜 가슴 떨림과 두려움이 없겠는가. 캄캄한 장소가 다가오고, 창밖을 내다보며 그 사라짐의 순간을 그려 본다.

어떤 신령한 존재들이 지팡이를 짚고 내 앞을 지나가듯, 나는 먼 곳에서 바람에 실려 올 그 지시를 차렷 자세로 기다리고 있다.

'괜찮다'라는 작은 자랑

밝음과 어둠이 번갈아 스쳐 가는 이 천지 현상 앞에서, 나는 여전히 고뇌를 주렁주렁 매단 채 허허로운 길을 걷는다. 사랑했던 이들은 모두 어디에 있는가. 아련한 무지의 공간을 기웃거리다 홀로 남은 나를 발견한다.

삶은 덧셈과 뺄셈 끝에 결국 무로 돌아가는 듯하다. 크로노스(Chronos)는 우리가 시계로 재는 흘러가는 시간이다. 하루가 지나고, 계절이 바뀌며, 우리는 조금씩 늙어간다. 결국 크로노스는 모든 것을 삼키며 우리를 죽음으로 이끈다.

그러나 인생에는 또 다른 시간이 있다. 카이로스(Kairos), 그것은 단순히 흘러가는 시간이 아니라 의미 있는 순간, 인생의 방향을 바꾸는 특별한 때를 말한다. 마음을 다해 사랑하거나, 깊이 감동하거나, 하나님의 손길을 느끼는 바로 그 '때', 그것이 카이로스다. 준비된 사람에게 주어지는 기회의 시간, 그리고 은혜가 열리는 순간이다. 마지막으로 아이온(Aion)은 시작도 끝도 없는 영원의 시간이다. 인간의 계산으로 셀 수 없는 차원이며, 예술과 진리, 사랑과 신앙은 바로 이 아이온의 시간 속에서 피어난다.

결국 크로노스가 우리를 늙게 하지만, 카이로스는 찰나를 영원처럼 빛나게 하고, 아이온은 그 빛을 영원히 머물게 하는 시간이다. 상상이 가능한 인간은 하며 절대적 시간을 거슬러 자기만의 시간을 세운다.

밤 10시, 내려다본 하이웨이의 빨간 불빛이 번쩍이며 사고의 흔적을 보여준다. 생존의 위태로움과 살아 있음의 힘을 새삼 깨닫는다. 나는 화려했다면 화려했던 삶을 이미 충분히 누렸다. 지금, 그 무엇도 부럽지 않다. 일분일초를 아끼며 최선을 다해 살아왔음을 알기에 내 마음 한켠에 '괜찮다'라는 작은 자랑을 껴안는다. 무엇이 괜찮음인지 설명할 수 없어도, 나는 지금 이 순간 세상과 마주하며 그렇게 서 있다.

삶이란 최선을 다하는 것

삶이란 무엇일까. 만물과 모든 생명은 주어진 하루를 그저 최선을 다해 살아갈 뿐이다. 매 순간의 위험을 가까스로 피하며, 자기 핏줄을 잇기 위해 혼신을 다하는 것, 그것이면 족하지 않은가. 나는 더 알 수 없다. 최선을 다한 뒤의 그 다음은 진정 알 수 없는 영역이다.

오늘 주어진 현재에 온 힘을 다해 살아내고 싶은 마음, 그것은 과연 욕심일까. 그러나 그 욕심이야말로 나를 이 자리에 굳세게 세워주고 있음을 부인할 수 없다. 한밤을 홀로 지키는 가로등처럼. 만물이 잠든 시간, 쓸쓸히 서 있는 그 충성스러운 빛은 무슨 생각을 하고 있을까. 삶의 찬란함이나 가치의 작은 흔적이라도 건져냈을까. 미래의 희망을 한 구석에서라도 비추어 보았을까. 나는 그 대답이 궁금하다.

2024년 여름, 세상은 여전히 전쟁과 소란에 휩싸여 있다. 우크라이나, 러시아, 이스라엘, 하마스, 그리고 이란의 불온한 움직임. 내 좁은 소견으로는 이해할 수 없는 분쟁 속에서, 나는 오히려 고요히 잠든 만물의 숨결과 평화로운 밤을 사랑한다. 그 밤을 지키는 가로등에 뜨거운 입맞춤을 보내며.

Holland America 크루즈 가족 여행은 몇 년 전 일본 여행 이후 두 번째로 얻은 큰 행운이었다. 암스테르담에서 반 고흐 미술관과 운하 보트를 마주하며, 나는 새로운 세상을 보는 눈을 얻었다. 한 화가의 고뇌 어린 생애는 내게 인간의 삶을 다시 성찰하게 했다. 노르웨이와 네덜란드, 몰데와 게이랑에르, 베르겐을 거치며, 바다 위에 흩어져 외롭게 자리한 인간들의 터전을 바라본다. 그 낯설음 속에서도, 끝내 삶을 일구어가는 인간의 모습에 나는 감탄을 거두지 못한다.

천지 앞에 던지는 질문

노르웨이의 잘 정돈된 삶 속에서, 나는 그곳의 외로움을 가슴 깊이 받아들였다. 하늘을 찌를 듯 솟은 산등성이 위에서 삶을 일구는 인간의 또 다른 고독을 느꼈다. 조용히 내 자리로 돌아와 창가에 서서, 나는 삶에 대한 더 많은 의문을 껴안는다. 제법 정돈된 인생길이지만, 여전히 나는 땀에 젖은 채 정원을 가꾸며 오늘을 이어간다.

광기의 천재, 불 같은 인상파 화가 빈센트 반 고흐. 그의 <별이 빛나는 밤>은 거칠고 역동적인 밤하늘을, <사이프러스 나무>는 죽음과 슬픔을,

<노란 집>은 그의 꿈과 고독을 담았다. 사람들은 그의 그림에 영혼이 실려 있다고 말한다.

가난과 이상, 사회와의 충돌, 고갱과의 다툼 끝에 귀를 자르고, 정신요양병원과 환각, 우울, 발작 속에서 서른일곱의 짧은 생을 마감한 화가. 그를 떠올리며 나는 삶을 너무 조밀하게 주름잡지도, 너무 헝클어뜨리지도 말아야 한다는 것을 새삼 깨닫는다.

내일은 아무도 예약할 수 없다. 수없이 많은 내일이 올 수도, 하나도 오지 않을 수도 있다. 그럼에도 나는 또다시 삶에 작은 점 하나를 찍듯, 내일을 향해 조심스레 내기를 건다. 우리의 궁극적 목적, 그것 없이는 너무 허전한 삶.

나는 불분명한 길목마다 고개를 갸웃하며 묻는다. 천지는 인간에게 무엇을 요구하는가. 흰 구름을 사방으로 보내며 무엇을 구하고 있는가. 천지의 주인은 진실로 누구십니까. 그리고 삶이란 진정 무엇입니까.

제 4 장
모퉁이에서 한복판으로

외톨배기의 새벽

꽃 한 송이 피우듯 조용히 시간을 품고, 상상의 불을 밝히며 행운과 함께 걸어가는 새벽. 동창의 햇살이 다시 내 이름을 부르며 나를 찾는다. 광활하게 펼쳐진 삶과 우주, 감당할 수 없는 의문의 덩어리 앞에서 나는 모르는 것은 덮어두기로 한다. 모르는 것은 없는 것이고 처음부터 내 영역이 아니었다고 스스로를 설득한다.

변두리를 서성이는 나, '시인'이라는 이름을 어쩌다 꼬리처럼 달고 부끄러움을 안은 세월. 아직도 그 이름을 떠나지 못하고, 누구도 찾아내지 못한 나만의 고유한 표현을 간구하며 새벽을 맞는다.

세상은 이미 약삭빠른 이들이 알맹이를 다 주워가 버리고, 나는 빈 조개껍질만 남은 모래사장에서 여전히 내 것이라 부를 수 있는 무언가를 찾아 두리번거린다. 막힌 길 뒤에 다시 일어서기의 반복. 시작과 중간과 마감, 그 무수한 절차가 곧 삶이건만 무엇 때문일까.

출퇴근 시간의 길 위를 장식하는 끈질긴 생명의 행렬을 바라보며 나는 축축한 세상을 두 주먹에 모아 짜 보고 싶은 충동에 사로잡힌다. 그러나 내가 스스로 세워놓은 불투명한 자리에서 오늘의 나는 삭제된 듯 보이지 않아 슬프다.

생명마다 누구도 침범할 수 없는 영역이 있다. 부모와 자식 사이에도, 부부 사이에도, 끝내 스스로를 지켜야 하는 홀로의 자리, 우리는 진정 모두 그런 외톨배기들이다.

삶의 끝자락에 남은 말들

삶은 외로움이다. 언제나 나만이 나의 유일한 주인, 그 생각에 나는 또 다시 내 존재가 두렵다. 살면서 점점 서둘러지는 마음. 아침 다섯 시에 일어나도 이미 한 시간 늦은 것 같아 놓친 시간을 허겁지겁 메우려 한다. 이 생에서 내게 주어진 시간을 얼마나 소중히 써야 하는지를 새삼 깨닫는 요즘이다.

앞으로 얼마나 남았는지 알지 못하면서도 매 시간마다 나를 재촉하는 발걸음, 지금 나는 넘어지기 일보 직전이다. 멀리 있던 세상이 이제 내 치마자락에 매달려 연신 재촉한다. 나더러 어쩌라는 건가. 흐르는 물처럼 흘러 여기까지 왔지만 이제야 많은 것들이 이름을 고하며 내 앞에 날개를 펴 보인다.

천지에 나뿐 아니라 많은 것들이 서로 얽혀 있음을, 내가 책임져야 할 부분이 참으로 크고 많음을 뒤늦게 깨닫는다. 작은 '나'일지라도 이 세상과 분명히 맞닿아 있음을 이제야 깨닫는다. 나는 이제 무엇부터 어떻게 해야 하는가?

— 새로운 모색

삶의 끝자락에서도 여전히 길을 찾으려는 나, 이토록 많은 질문이 남아 있다는 사실에 놀란다.

— 마지막 다리를 위태로이 건너며

손끝으로 다리를 붙잡듯 하루를 건너가며, 언제 끊어질지 모르는 삶의 줄을 조심스레 디딘다.

— 천지 재발견

낡은 세상의 빛이 다시 내게 스며들고, 익숙했던 풍경 속에서 새로운 의미가 고개를 든다.

— 껌뻑이는 눈빛에 갸웃하며 고개 젓기

아직 확신할 수 없는 나, 그러나 그 불안한 눈빛조차 살아 있다는 증거다.

— 허락된 길은 오직 하나뿐

뒤돌아보니 수많은 길이 있었던 듯했으나, 사실 내게 허락된 길은 단 하나였음을 이제야 안다.

— 동쪽의 해는 여전히 뜨고 길은 점점 좁아지는데

해는 동쪽에서 여전히 솟고, 내 앞의 길은 점점 더 좁아진다. 하지만 그 좁아지는 길 위에서야 비로소 내가 누구인지, 무엇을 향해 가는지 더 깊이 깨닫는다.

삶의 끝에 다가서며 아직도 할 말이 이토록 많다는 사실에 나는 크게 놀란다. 한 권의 생을 덮으려는 찰나, 이야기의 뚝이 무너져버리듯 그 모든 말들이 한꺼번에 밀려와 나를 휩쓸어간다.

답 없는 침묵의 천지

나는 매 순간 매달려 간절히 졸라 보았다. 삶이란 무엇인가, 그 답을 찾으려. 아마도 내 생의 끝, 마지막에 가서야 비로소 알게 될까. 심하게 앓고 난 뒤, 겨우 살 만해지자 나는 또다시 나를 붙들고 간절히 조른다.

마을 언덕 아래서 진주 같은 무엇을 캐어내려는 듯, 죽자 살자 기다리며 매일 새벽을 맞는다. 며칠을 앓은 끝에 맑게 개인 새날은 꼭 나를 기다린 듯 고마워 나는 하루 앞에 무릎을 꿇는다.

세상은 아름다울 수도 있지만 동시에 겁나는 곳. 건강을 잃으니 모든 것이 멈춰 버리고 나는 공허 속에 주저앉는다. 옛날과 달리 작은 아픔에도 쉽게 무너져 이제야 인생 길이 실감된다. 답 없는 침묵의 천지가 두렵다.

그럼에도 나는 반짝이는 눈빛으로 또다시 기다린다. 남은 시간을 가슴 졸이며 두 손 모아 붙들며, 때로는 정신 번쩍 들도록 스스로를 꼬집고 싶다.

아침은 다시 나를 깨운다. 눈빛 반짝이는 햇살이 나를 부르며 만물은 저마다 그림자를 데리고 흔들리며 지나간다. 웅, 소리를 내며.

나를 기다려 준 자동차

어둠이 가시지 않은 새벽, 우리 집 앞마당의 붉은색 자동차가 내 가슴을 울렁거리게 한다. 며칠을 주인을 기다려 준 그 차. 만약 주인이 돌아오지 않으면 어쩌려는가. 그 어리멍청한 사람을 그래도 주인이라 믿고 충심으로 기다리고 있었구나. 그 순간 가슴이 뭉클해져 울먹이는 내가 쑥스럽다.

내가 정성껏 가꿔오던 정원의 화초들, 나를 눈 빠지도록 기다리고 있겠지. 나를 기다려주는 것들은, 그곳에, 저곳에, 과연 몇이나 남아 있을까. 작아 보이는 나의 존재, 그러나 그 작은 생명들이 세상을 채우고 천지를 함께 밀고 나가는 힘이 된다는 것. 나는 이제 그 작은 자리의 위대함을 깨닫는다.

내가 나를 살피지 않으면 누가 나를 지킬까. 나를 다듬고 이끌어 가야 하는 책임은 오직 내게 있다. 스스로를 아끼고 사랑하는 것, 그것은 나만이 할 수 있는 과제다. 나는 그 마지막 날까지 내 자신의 충성스러운 하인이 되기를 맹세한다.

천지는 내 눈빛을 기억해 줄까. 간절한 간구의 떨리는 눈빛을. 돌고 도는 나의 숨결, 천지의 품에 안긴 그 자식으로 살아도 죽어도 그 안에서. 그런데 나는 무엇이 두렵다는 것일까. 이제 내게 남은 과제는 전심전력으로 나를 살려내는 것뿐. 해님, 달님, 별님 앞에서 굳게 맹세한다.

이것이야말로 내게 남은 가장 중요한 과제임을 이제야 통달한다. 완전하고 튼튼한 나를 데리고 저 넓은 광야를 마음껏 달리고 싶다. 남은 길은 유유히, 천천히 걸어가야겠다. 다리가 아프고 숨이 차면 쉬엄쉬엄 쉬면서, 눈앞에 펼쳐진 하늘을 바라보며, 길가에 핀 꽃도 건드려 보고, 바람과 손을 잡고, 새들의 이름도 물어가면서.

모퉁이에서 한복판으로

모두 다 좋을 수는 없다. 육체가 삐걱거리고, 꼬집어 표현할 수 없는 감각들이 스며든다. 그럼에도 아침은 또다시 찾아온다. 불을 피워라, 높이 높이! 노래를 불러라, 라-라-라!

은박지처럼 반짝이는 가옥들이 꼭꼭 박힌 저 아래 마을, 나와 얼굴 모습 다른 사람들, 나처럼 꿈꾸며 살아가는 무수한 생명들. 그런데 왜 나는 끊임없이 나뿐이라는 생각에 사로잡히는가.

한 마장 또 한 마장, 앞으로 걸어가는 인생길. 세상은 내 침실 창 밖에서 웃고 울며 나를 부른다. 가볼까, 대답할까, 손을 잡아볼까, 함께 발맞춰 춤추어 볼까.

모퉁이 구석에 있던 내가 점차 한복판으로 옮겨온다. 겁나는 것, 무서운 것, 삶의 한가운데로 이끌려와 나는 더듬거리며 후청거린다. 낯선 세상, 그러나 달려가 덮석 안기고 싶은 세상. 이제는 슬픈 표정을 거두고, 행복한 얼굴, 기쁜 표정, 즐거운 미소를 만들자. 함께 섞이기 위해서, 여기에 남아 있기 위해서.

지금이라는 순간의 힘

신께서도 아시듯 나는 아직 이 세상을 떠날 수 없다. 연약하지만 간절히 기다리는 꿈이 아직 남아 있기 때문이다. 살아남아 그 꿈을 이룰 수 있을 것 같은 순간이 불꽃처럼 번쩍이면 나는 다시 어린아이처럼 달린다. 눈물을 줄줄 흘리며 마음에 꽃을 피우듯, 다시 뛰어나간다. 삶의 요술은 여전히 내게 그렇게 작동한다.

이 늦은 인생길에서도 살아남기 위해 나는 길을 모색한다. 이 위태로운 생명 놀이에서 무사히 지나가기 위해 온 신경을 짜내며, 처음으로 나의 육체를 세세히 들여다본다. 삶을 가능케 하는 빈틈없는 생명의 구조에 경이로움을 느낀다.

삶은 지금이다. 당신의 삶이 '지금'이 아니었던 적은 한 번도 없었고, 앞으로도 그럴 일은 없을 것이다. "당신이 해야 할 일은 단지 이 순간을 온전히 받아들이는 것뿐이다. 그때 비로소 당신은 자신과 평화롭게 하나가 된다."에크하르트 톨레, 《지금 이 순간을 살아라(The Power of Now)》

이제는 더 하지 않아도 된다는 마음이 조금씩 내 안에 스며드는 요즘, 나답지 않게 김 빠지는 실토가 불쑥불쑥 튀어나온다. 그 이유를 알기 위해 고개를 높이 들어 아주 멀리, 남은 생명의 길이를 가늠해 본다. 아침이면, 또 하루를 건너왔다는 감사에 침대를 정성스레 정돈한다. 그것은 지나간 하루를 보내며, 다시 올 밤의 평안한 쉼을 조용히 맞이하는 내 마음의 예배다.

아직은 이 세상이다. 나를 품고 지켜 온 세상, 물씬 정 들어 온 이 세상. 나는 스스로에게 호령한다. 정신 차려라! 찬란한 아침 햇살 아래서 나를 하나로 모아 차렷 자세로 다시 세운다.

꽃은 결국 져야 한다

광활한 삶의 광장에서 보일락 말락 자리 찾아 숨 쉬고 있는 나. 순간마다 대단한 줄만 알았던 나의 존재가 다시 보니 참으로 보잘것없다. 내가 가는 이 길은 얼마나 더 이어질까. 어느 날 보니 좁은 골목, 꽉 막힌 구석에 몰린 나. 아무 소용 없는 깨우침이 가슴을 치고, 다시 시작하는 하루는 과연 무엇이 달라졌을까.

부질없음, 꽃은 서서히 시들어가고 아무리 물 주고 가꾸어도 꽃은 결국 져야 한다. 이 허사, 꽃이 지고 있는데도 나는 여전히 거울 앞에 서 있다.

모든 생명은 이 순간에도 고리 고리 이어 어디론가 향해 나아간다. 도착지는 불투명한 보이지 않는 점. 나 또한 다를 것 없이 육체를 달래며 그 무리에 따라 걷는다. 때때로 재촉을 받으며.

삶의 끝자락에 다다른 지금, 이어짐의 의미가 얼마나 무겁고도 소중한지를 새삼 느낀다. 여전히 살아 있다는 이 기적, 그 숨결 하나하나가 얼마나 값진 것인가. 나는 마지막 장의 좁은 골목에서 그 진리를 다시 마음에 새긴다. 나는 과연 얼마나 더 길게 이 길을 걷고 싶은가. 더 할 일도, 남은 꿈도 많지 않은데도, 긴 세월을 그만큼만 가겠다는 그 꿈에 흠뻑 빠져 있었던 것일까.

삶이란 본디 헤매는 일이고, 먹이를 찾는 일이며, 관심을 얻는 여정이다. 한때는 스스로의 충만함 속에서 만족하며 머물렀던 순간들도 있었다. 그런데 지금 나는 '정도의 길'에서 자꾸만 옆으로 미끄러지고 있는 듯하다. 이 묘한 느낌, 도대체 무엇인가.

늦은 날의 서툰 기도

많이 늦어버린 날, 삶은 서서히 매일 해오던 순서와 연결을 잊고 위태로운 신호를 보내기 시작한다. 육체는 어느 때부턴가 주인의 말을 잘 듣지 않는다. 키 큰 야자수 몇 그루가 넓게 펼쳐진 S.F Bay 한복판에 멋쩍은 듯 서 있다. 무엇 때문일까, 누가 시켜서 저렇게 세상을 망보고 있는 걸까. 나는 그들이 우리가 보지 못하는 무엇을, 아니면 이 층층이 쌓인 세상의 허무를 바라보고 있는지 궁금하다.

내게 있어 살아간다는 의미 중 하나는 어쩌면 나를 정금해 낱낱이 적어 놓는 것일지도 모른다. 삶은 살아가면서 곧 그 길을 지워버리지만, 나는 내 모습을 그려 남겨놓는다. 때로는 예쁘고, 때로는 못난 내 모습을 백지 위에 빽빽이 새겨 넣는 '나의 수첩'. 그렇게 남긴 이야기조차 언젠가는 괴괴한 천지 안에서 자취를 감추겠지만, 씨앗처럼 남아 어느 빛 아래에서 또 다른 천지 안에서 다시 싹틀지도 모른다.

눈부신 새날이 한 발씩 나에게 다가오는 것에 감사하며, 나는 또 한 번 온 힘을 다해 달려본다. "살펴 주십시오, 신께서!" 때로는 곱다가, 때로는 미워서 째려보게 되는 이 세상, 오늘은 그 반반의 생각 속에 내 마음이 곤두박질친다.

세상을 곱게 보려면 어떻게 해야 할까. 세상에 화려한 비단옷을, 아니면 색동옷을 입혀볼까. 이제 내 남은 날에 어떤 색깔의 내일을 집어 올릴까. 떨리는 손을 앞으로 가만히 내밀며, 삶의 비중이 조금씩 달라져가는 내일들을 바라본다.

내 앞에 누군가 트럭 가득한 물음표를 실어다 풀어놓는다. 무사히 이 대목을 뚫고 지나가기를 간절히 빌며, 이 위태로운 지점에서 나는 서툰 기도를 배운다.

제 5 부

황혼이 짙게 물들 때

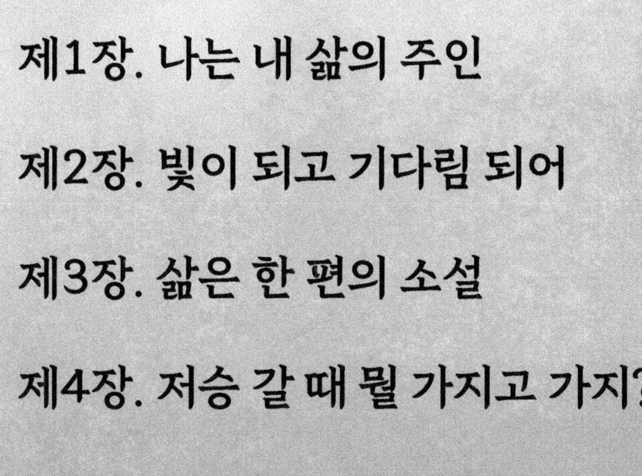

제1장. 나는 내 삶의 주인

제2장. 빛이 되고 기다림 되어

제3장. 삶은 한 편의 소설

제4장. 저승 갈 때 뭘 가지고 가지?

제 1 장 나는 내 삶의 주인

희망을 나르는 새벽

새벽을 헤치며 나는 걷는다. 해 돋는 아침을 향해 아직도 작은 꿈을 실어 나르며, 종소리를 따라가 결코 죽지 않는 희망의 씨앗을 부지런히 뿌린다. 무언가 꼭 찾을 수 있을 것 같은 가득한 희망을 가슴에 안고, 지금도 쉼 없이 열심히 나른다.

죽음과 쇠락 앞에서도 인간의 삶을 의미 있게 만드는 것은 무엇일까? 그것은 '지금 이 순간을 온전히 살아가는 지혜'에 있다. 현재를 살아갈 때 비로소 가장 현명해진다. 문학은 바로 그 인간적 의미의 보고(寶庫)다. 사랑과 상실, 희망과 절망을 통과하며 내 '살아 있음'의 이유를 밝혀 주는 언어의 기록, 이것이 문학이다.

돌이켜 보면, 달랑 생명 밧줄에 매달려 나는 얼마나 열심히 살아왔던가. 산을 넘고 물을 건너 매 순간 충실한 일꾼으로, 고비마다 성실히 지나왔다. 쌀쌀해진 9월의 마지막 주 이른 아침, 'Sonoma State'라고 수

놓인 재킷을 찾아 입으며 살아온 날들을 돌아본다. 내 어깨 뒤에서 요란히 요동치던 날들, 늦은 나이에 대학교 교정을 누비던 그때가 떠오른다.

살아온 길은 알지 못하는 사이, 어느새 너무 아래로 내려와 있다. 누구나 거쳐야 하는 각자의 길에서 새삼 가슴이 뜨끔해지는 한 평생이다.

완전함에 도달할 수는 없지만, 그 완전에 끝없이 다가가려는 접근선이 있다고 믿을 수는 있다. 폴 칼라니티의 《숨결이 바람 될 때(When Breath Becomes Air)》중에서

그곳 어딘가에 계신 분, 당신께서는 여전히 내게 말씀하신다. 이토록 짧게 남은 인생 길에서조차 "멀리 바라보라, 높이 쳐다보라." 오늘 아침, 저 아래 세상을 정면으로 내려다보기가 공연히 죄송스러워, 나는 반쯤만 고개 돌려 보는 시늉만 한다. 더는 내가 관여할 힘이 없음을 알아차렸기에.

나는 내 삶의 주인

역사를 조곤조곤 이어 현재를 가능하게 만드는 인간들의 작은 몸짓이 참으로 경이롭다. 떨리기 시작하는 펜을 조심스레 붙잡고 한 자 한 자 눌러 적어가는 나의 기록, 나는 누구이며 무엇 때문에 아직도 가느다란 선을 그으며 허둥거리는가. 마치 내가 아니면 안 될 것처럼, 살아 움직이는 한 폭의 그림 속 건방진 생명처럼. 그러기 위해 나는 여전히 튼튼해야 함을 깨닫고, 머리카락 한 올 한 올 세어가듯 온 정성을 쏟아 살아가기를

다짐한다.

꿈을 비워버리고는 하루도 버틸 수 없는 삶, 아직도 내 안에서 꿈은 요란히 들끓는다. 곧 죽는다 해도 나는 나를 지켜야 한다. 나는 나의 주인이기 때문이다. 바다와 육지가 굳게 손을 잡고 이루어진 세상, 하늘과 땅 사이에서 나를 포근히 품어주는 이 복된 생명, 내게 남은 삶은 전부 나의 몫, 한 계단씩 꼭꼭 밟아 내려가야 할 길이다.

안개가 S.F Bay를 덮어버린 아침, 있음을 없음으로 덮어버리는 누군가의 요술이 한창이다. 나는 왜 자꾸 내 삶에 남을 끌어들여 나를 이루려 하는가. 나만이 세우고 지키고 이끌어 갈 수 있는 유일한 생명임을 알면서도.

걸음걸음 모퉁이를 돌아 다시 찾아오는 가을이, 맞춤복처럼 내게 가까이 온다. 만물은 바람에 제멋대로 흔들리며 자유의 모습을 띠고, 우—성급히 모두가 유동하는 가을이다. 나는 이 가을의 첼로 리듬을 머릿속에 불러들이며, 바람처럼 나무 가지처럼 흔들리는 이 계절 속 생명임을 다시 의식한다.

죽음과 삶은 밤과 낮처럼

생명 앞에 놓인 층층의 계단, 무수한 생명들이 오르내리는 그 길에서 나는 잠시 발걸음 멈추고 남은 계단이 몇이나 되는지 세어본다. 또 한 번의 가을이 해맑은 얼굴로 내 앞에 도착한다. 신께서는 나에게 여기서 무엇을 더 하라 하시는가. 시간은 정해진 표를 따라 조용히 흐르고, 벅찼던 시절은 멀리 흘러가 남은 빈자리에 그림자만 가득하다. 꿈을 찾아 헤매던 곳곳마다 흘린 땀, 무언가 늘 있을 것만 같았던 그 자리도 이제는 텅 비어 있다. 세월은 어느덧 한 바퀴 돌아, 가을은 다시 쓸쓸한 얼굴을 내민다. 더러는 새봄을 준비하듯 분주한 기척이 벌써부터 역력하다.

어둠 속 반짝이는 대도시의 불빛, 인간이 별을 바라보듯 그 불빛들을 별처럼 우러러보는 이도 있겠지. 그러나 그 반짝임의 뜻을 아시는 이는 오직 하나님뿐일 터. 나는 먼 길을 걸어와 여기서 무엇을 배웠고 무엇을 깨달았는가. 장자의 천도를 읽다 잠시 생각에 머문다. 나는 성인이라 불리고 싶은가? 그러나 무심히 사는 것, 그건 나와 어울리지 않는다고 중얼거린다. 무위가 서로 합하여 만물이 생겨난다 했던가. 흐릿하여 생겨남을 알 수 없고, 아득하여 그 모양을 가늠할 수 없다 했던가. 그러나 만물은 씩씩하게 그 무위로 말미암아 번식한다. 죽음과 삶은 밤과 낮처럼 이어진다.

나를 일으키는 기다림

다시 돌아온 이별의 계절 가을, 바람에 자유의 몸짓을 만들어 가랑잎들 휘날린다. 단풍잎 떨어진 자리, 낙엽 위에 굵은 빗방울 뚝뚝 떨어진다. 단풍나무 가지 위에서 쓸쓸한 노래 부르던 새 한 마리 후드득 날아가고, 남겨진 온기조차 세월의 바람이 서늘히 쓸어간다. 가을엔 만물이 서두른다. 나는 마음과 육신을 고정시키고, 내 존재의 실체를 붙잡아 보려 애쓴다. 스스로에게 "꼼짝 말고 그 자리에 있어라." 명령을 내리지만, 앞으로도 뒤로도 나를 제대로 알지 못한다. 누워 굴러도, 생각에 잠겨도, 나는 여전히 나를 알지 못한다.

언제부터인가 그렇게 되어버렸다. 전에는 무엇이었던 것 같지만, 지금은 아닌 듯해 그저 황송한 마음에 고개를 숙인다. 세상은, 어쩌면 그런 나를 보지 못한다.

허리케인과 토네이도가 천지를 한바탕 부수고 간 폐허 속에서 나는 신께 묻는다. "왜 이러십니까? 제게 무엇을 가르치시려는 겁니까?" 나는 안다. 맨 마지막에 내어놓을 인생 카드를 위해 죽도록 인내해야 한다는 것을, 그 믿음이 있기에 나는 지금도 즐겁고 행복하다.

꿈을 키우는 일에는 기다림이 있고, 그 기다림 자체가 행복이다. 아무리 작고 하찮은 기다림이라도 있다는 것만으로 행복하다. 기다림은 날마다 우리를 일으켜 세우고, 가득 차 있는 내일을 꿈꾸며 달리게 한다. 일 년 삼백예순다섯 날 간절한 마음으로 언덕 아래 마을, 세상 속으로 헤쳐 들어가며 나는 "용감하고 사랑스러운 사람"이 되고 싶었다.

오늘을 장식하는 무늬를 위해 나는 무엇을 남길까 고민한다. 나와 벗하는 오늘이 톡톡 튀도록 생기 있고 윤기 나기를 바라며, 착한 나를 믿고 그 나를 두 팔로 꼭 껴안아 고마운 마음을 가득 담는다.

삶의 이유를 파고들며

어제보다 더 헐렁해지고 더 홀쭉해진 듯한 세상, 다 써버린 어제를 꼭꼭 접어 뒤로 쌓아두며 속속 안겨오는 오늘을 품기가 점점 힘들어진다. 나는 간절한 마음 담아 사방으로 도움을 청할 존재를 더 자주 찾는다. 하나님일까, 부처님일까, 도인일까, 그 누군가를 찾아 헤맨다.

세월은 점점 속력을 내어 흘러간다. 어제 갔던 월요일이 또 왔다. 한 달, 일 년, 그렇게 번개같이 시간이 지나가면 곧 내가 떠날 때인 것을 시간임을 알게 되겠지. 어둠이 짙게 내려앉는 거리, 무서움이 스며든다. 더듬어도 만져지지 않고 물어도 대답 없는, 보이지 않는 무엇이 자꾸 두려운 요즈음, 급해진 마음으로 그 때가 언제냐고 그 무서움을 향해 묻는다.

천지 가득한 생물들이 발버둥치며 살아남으려 한다. 무엇 때문에 태어나서, 왜 이렇게 오물거리며 살아가야 하는가. 신들은 할 일이 없어 심심했는가. 천지를 생물들로 채우자고 회의한 신은 누구인가. 하느님인가. 천지 가득한 크고 작은 생물들, 살아남으려 오물거리는 이 광경을 당신은 보고 계시는가.

삶의 더 깊은 뜻은 영원히 알 수 없는 것일까. 숨 쉬고 있다는 것 외에 좀 더 구체적인 이유가 있다면 그 수맥을 찾아내듯 파헤쳐 알고 싶다. 삶의 어느 부분을 파보면 그 이유를 알 수 있을까.

단 한 번 주어진 삶

'나'를 실어온 세월은 줄곧 어디로 향해 가고 있다. 내 삶이 끝나면 세월은 '나'를 잃어버린 채 아무렇지도 않게 흘러갈 텐데, 무엇 때문에 나를 여기까지 실어다 놓았을까. 무상의 세상에 실려 가는 생명이 허무, 나는 무엇을 위한 삶인가. 그 답을 풀지 못해 슬픈 순간의 이음들이 약해지고, 하나 둘 자리를 비워가는 시간들이 내 삶의 줄을 휘청거리게 한다.

하늘에 총총한 별들, 땅 위 어둠 속 빛나는 불빛들, 생명들의 무수한 눈빛들, 모두 무엇을 그토록 바라는가. 천지의 짜임은 애초에 어떤 창조자의 도표인가. 천지의 주인은 누구인가. 거짓이 가득한 세상, 아무리 진실을 말해도 들어주지 않는 사람들, 약삭빠른 자들이 미꾸라지처럼 빠져나가는 세상.

날마다 키워 온 생각의 무게는 지금 얼마나 무겁게 자랐을까. 좌절과 혼동을 용케 이겨내고 이 순간 여기까지 도달했다면, 뜨거운 가슴 속 샘물처럼 솟아올라 영혼이 짜낸 순수한 간절함이 곧 진실이었다면, 매 순간 촌음을 아껴 남긴 기록이 뒤안길에 빽빽하게 수 놓였다면, 매 순간 진지하게 살았다면.

땅속 깊은 곳에서 얽힌 뿌리들이, 힘차게 삶을 보존하는 억샌 초목들과 모든 생물의 질긴 생명을 지켜보며, 나는 한 번 주어진 삶의 소중함을 새삼 깨우친다.

나를 부르는 옛 그림자

천지의 모태를 이루는 주어진 소중한 생명들을 인식하며 생명의 책임을 느낀다. 아름다운 생명으로 남기 위해 돌아온 새날, 나는 다시 반짝일 준비로 분주하다. 언덕 아래 무수히 반짝이는 눈빛들은 내게 무언의 말을 건네고, 나는 어쩌면 눈물을 짜내고 있는 듯한 새벽 마을로 내 마음을 보낸다.

더 기다릴 것 없는데도 나는 아직도 기다린다. 이 순간에도 무작정 기다린다. 가을이 지나 겨울이 오는데, 나는 간절한 마음으로 창밖을 내다보며 기다리고 또 기다린다. 한 생명에게 부여된 것들을 다 지니고도, 더 무엇을 기다리는지 알지 못하면서 하염없이 기다린다. 길 잃은 기다림이 먼 들판 어딘가에 남아 있을까 손짓해 부르며 나는 여전히 기다린다.

또 한 번 가을이 다가온다. 살아온 날들이 내 침실 창에 좋좋 박혀 펼쳐진다. S.F. Bay와 지난 날의 그림자가 이곳 저곳에서 나를 부른다. 동부에서 가족 실은 자동차로 처음 서부로 옮겨오던 HWY 101, Golden Gate를 건너며 보았던 샌프란시스코의 높은 건물들, Bay Bridge, 태평양 해변의 Drake Beach, Bodega Beach 별장의 추억, Sonoma State, 그리고 30년 넘게 행복을 수놓았던 Napa Valley, 북쪽의 목장과 Oregon, Canada로의 motor home 여행 등.

이젠 되돌아갈 수 없는 그때가 지금 나를 괴롭힌다. 나는 과거·현재·미래를 한 장의 풍경으로 눈부신 햇살 아래 그림처럼 펼쳐놓는다. 나무

가지에 앉은 새 한 마리가 고개를 갸웃하며 묻는 듯하다. 잊은 듯 잊고 있던 세상이 펼쳐지는 창 밖. 지나간 세월이 추억이 되어 밤하늘 별빛처럼 영롱히 반짝인다. 내 마음은 그리운 그때를 향해 달려간다.

허리띠 느슨히 풀어 놓고

나 하나에 집중해 있던 고뇌가 그 폭을 활짝 열어젖히는 순간, 내 인생의 철학도 확 바뀌어 버렸다. 세상에 속한 내가 더 명확히 보였기 때문이다. 나만 따로 떼어 고민할 수 없는, 웃음도 고뇌도 함께 펼쳐지는 천지 속의 나를 보기 시작했기 때문이다.

그때 우리 집 정원에 뿌리내리고 무럭무럭 자라는 수목과 화초들, 사랑스런 자식 같아 “감기 들지 말고, 아프지 말고 자라 달라” 간절히 기도하며 마음을 보탠다.

세상은 연신 줄곧 나를 부르지만 전엔 미처 몰랐다. 신이여, 나를 어디로 보내려 하십니까. 갈림길 총총한 길에서 구불구불 미끄러운 길에서, 맨발로 걸음마 연습하듯 아장아장 내 침실에서 발을 떼 본다. 이 세상에서 한바탕 잘 놀고 이제 날개를 접는 아름다운 계절 가을, 저 멀리서 누군가 내 이름을 부르는 소리 들린다.

천지를 돌고 돌아 우린 만났고, 하나가 되어 우리는 우리의 것을 만들었다. 우리 다시 천지를 돌다 언젠가 우연히 또 만날 수 있을까, 서로를 알아볼 수 있을까. 늙어도 예쁘게 늙는 사람들 있지 않은가. 주름 폭폭에도 미소를 담고 착하고 순한 눈빛을 가진 사람들.

나 또한 인자한 모습 남기려 거울 앞에서 미소 짓는 연습을 한다. 날마다 최선을 다하는 날들이 모여 내 한 삶이 되었으니, 나는 그것만으로도 족하다.

잠시도 멈추지 않고 움직이는 천지, 순간순간 착착 다가오고 또 다른 끝을 향해 떠난다. 끊임없이 앞으로 나아가는 만물을 바라보며, 나는 조용히 허리띠를 느슨히 풀어 놓는다.

숨은 진실을 찾아

끊임없이 저더러 이래라 저래라 명령하는 분, 당신은 누구십니까? 꼭꼭 숨어서 살짝 내게 다가와 내 얼굴에 주름살 하나씩 더 만들고 가는, 당신은 누구십니까? 인간은 왜 이런 모습으로 태어났는가, 불가사리는 왜 그런 모양으로 존재하는가, 창조자는 어떻게 만물을 각각 다르게 그토록 정교하게 빚어 놓았는가. 나는 먹던 바나나를 들고 한참을 생각에 잠긴다.

다시 총대를 움켜쥔 나, 세상을 향해 눈을 치켜 뜨고 내 안의 불길 살려가며 나는 진정 어디까지 가보고 싶은 것인가. 평생 종이와 펜을 탐했던 나, 순간순간의 느낌을 빠짐없이 백지에 꼭꼭 눌러 적어놓은 뭉치들, 마치 한 인간이 살아온 사본을 정성스레 옮겨 놓은 듯 내 예쁜 상자에 귀중품처럼 남겨놓았다.

조용히 열리는 천지의 하루하루, 가슴에 초롱초롱 반짝이는 생각들 속에 내가 있다. 그때와 지금의 삶을 잇기에 정신을 몽땅 빼앗기면서, 무엇을 위한 것인지 알지 못한 채. 사방에 인간들이 켜놓은 불빛들이 나에게 겁을 준다. 무수한 불빛들이 모두 나를 겨냥해 손짓하는 듯, 석류알처럼 빽빽이 찬 세상이 내 창을 가득 채우고 있다.

그 안의 세상을 또렷이 알고 싶은 간절한 소원, 이루어질지도 모른다 믿으며 나는 무작정 기다린다. 무엇을 위한 우리들의 삶인가, 그 숨어 있는 진실을 꼭 찾아내고 싶다. 바람에 실려 나는 어디로 가고 있는가. 천지 안에서 오물오물 살아가는 생명들, 우리는 왜 같은 것을 보면서도 같이 보지 못하는가. 세상은 내게 묻는다. 긴 세월 동안 너는 대체 무엇을 이루었냐고.

멈추지 않는 나의 열차

천지의 틈 사이, 끊어질 듯 위태롭게 달린 줄에 간신히 매달려 허우적대는 나, 신께서는 지금 저에게 무엇을 원하십니까? 다시 일어나라고? 나는 나에게 사정한다. "일어나! 일어나!" 억센 비바람 차가운 눈보라에도, 작은 꿈 따라 걷는 내가 그래도 괜찮지 않습니까? 나는 기다릴 것입니다. 조금 더, 계속 기다릴 것입니다.

뇌리에 가득한 공상들을 안고 천근만근 무겁게 시작하는 하루, 불투명한 가능성을 단 1%라도 건져보려 내 마음은 부스럭거린다. 바람의 문마다 열어가며 감성의 통로 끝까지 열어보지만, 경계선에 멈춰 서서 영롱하게 빛나는 저쪽을 부럽게 바라본다. 보이지만 보이지 않는 것, 알지만 알 수 없는 것, 나는 지금 무엇을 보고 있는가?

80년 90년 가까이 바라보지만, 꼭꼭 접힌 세상은 펼쳐볼 수 없다. 손을 번쩍 들어도 보이지 않는지, 소리 높이 외쳐도 듣지 못하는지, 산더미처럼 내 위에 질문들은 쌓여간다. 언제부터인가 나는 그 질문들을 풀어보기로 했다. 나의 남은 날들을 계산해보며 높이 쌓인 대답들을 이젠 그만 내려놓기로 했다. 한 생명이 거의 끝나가는 늦은 날이기에.

아니 아니, 그래도 좀 더 앞으로 전진해 볼 것이다. 남은 힘 몽땅 다 바쳐서 가보고 싶던 곳까지 나는 가볼 것이다. 나는 나에게 간청한다. "제발 멈추지 말아줘!"

생명을 가득 싣고 떠나가는 열차 오고 있는 열차, 세월이 나를 여기까지 실어다 놓았는데 못 따라온 미련이 내게 남아 나를 슬프게 한다.

제 2 장 빛이 되고 기다림이 되어

어디까지 왔니?

내 가슴과 뇌리에서 샘물처럼 솟는 심상들, 묻지도 재촉하지도 않았는데 왜 나는 여전히 욕심을 키우는가. 하지만 나는 안다, 우리의 살길은 '순종'과 '실천'이라는 것을, 마음을 비우고 빛살이 가리키는 곳으로 따라가면 된다는 것을. "걱정하지 마, 그것이면 된 거야." 알쏭달쏭한 선에 매달려 용케 여기까지 밀려온 생명, 이제는 그 줄에서 조용히 떨어져 바람 속으로 사라져 버리라 한다. 알지만 모르는 것들이 수북이 쌓여있다.

호흡은 하고 있어도 살아 있는 것 같지 않은 순간들, 갈까 말까 망설이다 생명이 '완전 정지'를 통보 받는 순간이 있을 것이다. 생명은 천지를 자기 것으로 받아 그 안에서 뛰놀다 스르르 묻혀버린다. 부슬비 내리는 날, 삶의 진행이 새롭게 느껴지고 들썩이는 생명들의 연락을 선명히 느끼며, 가득한 감사 속에 묻혀보는 오늘을 나는 진심으로 사랑한다.

어쩌면 나의 마지막은 이렇듯 감사 속으로 스르르 파묻히는 것은 아닐까. 넓은 들판을 힘껏 달리는 말들처럼 정신없이 달려온 뒤, 오늘은 가만히 멈춰 남은 길을 바라본다. "나도 저 말들처럼 용감히 달렸었지." 엉겅퀴 숲을 헤치며 나와 오늘 나 여기에 서 있다. 그래도 왜 별다른 아쉬움이 없는 날에도 자꾸 슬퍼지는가. 흐렸다 맑았다 하는 천지를 바라보며, 나는 내일의 운수를 가만히 점쳐본다.

아직 나는 이 세상에서 숨 쉬며 눈빛과 웃음, 슬픈 울음을 섞어 천지의 무게를 조금은 흔들고 있다. 천지 구성의 일원으로 나에게도 그 권리를 주장할 힘이 부여되어 있다는 걸 나는 알고 있다. 나는 두 주먹 불끈 쥐고 반짝이는 눈빛으로, 소리 한 번 높이 쳐 본다. 어디까지 왔니? 숨바꼭질하는 아이들처럼 오늘은 나 혼자서 그 놀이를 벌인다. 꼭꼭 숨어 있는 삶, 나는 진실로 어디까지 왔는지 스스로에게 묻는다. 잡힐 위험을 바로 목전에 두고 있으면서도 나는 여전히 묻는다. "어디까지 왔니?"

빛이 되고 기다림이 되어

<난 무엇이면 좋을까>

어두운 광야에 반짝이는
작은 빛이고 싶다.
외로운 누군가의
벗이고 싶다.

두 손 내밀어 다른 손 잡아 주고
가까이 다가가 벗이 되어주리라.
너에게, 또 다른 너에게로.

<기다림>

태양이 가르쳐준 가르침,
그 뒤편에 머무는
또 다른 태양의 훈시를
나는 기다린다.
겨울엔 봄을,
봄엔 여름을,
내일로 치닫는 기다림.
현실 위에 눈부신 의상을 입히고
두근거리는 가슴으로
종소리에 실려 오는 생명의 지시를
여운이 사라진 후에도
나는 기다린다.

숨바꼭질 같은 세월

올까 말까 망설이던 계절도 결국 돌아와 세월을 잇는다. 열 살의 즐거움의 여덟 아홉 배, 스무 살 꿈의 네 배나 넘게 이겨내며 걸어온 길이다. 방황의 그림자들이 모여 트여진 길, 별빛 쏟아지는 희미한 줄 따라 꿈의 그림자가 드리운 길, 무덤으로 화살표가 그려진 긴 한숨의 꼬리 길, 그러나 아직은 뒤돌아 돌아보는 길이다. 시작은 언제나 철철 넘치는 생각, 무궁무진한 가능성의 문 앞에 서있다. 햇살 아래 물 건너뛰듯 길 나서지만, 다 건너지 못 하고 돌아오곤 했다. 그러나 바람은 떠나기 위함이 아니라,

또 다른 시작을 위하여 불어왔다. 빛과 어둠이 교대하는 숨바꼭질 같은 세월, 열흘에 한 번쯤만 바뀐다면 꽃다발 안고 음표의 '솔'을 골라 리본을 달고 기쁨이 되리라. 그리고 나는 다시 떠나리라, '라'를 만날 때까지.

너와 나 이 길 위에서

생명들이 힘을 합쳐 억세게 천지를 밀고 나가는 무서운 힘, 그 힘으로 오늘도 나는 살아간다. 받은 작은 훈장 하나 가슴에 달고, 첫 새벽의 파릇한 정기 속에 안겨 계속 달려간다. 헝클어진 좁은 길을 뚫고 앞으로 앞으로, 아무것도 보이지 않는데도 멀리 가면 좋을 줄 알고 너무 멀리까지 나는 와버렸다. 죽기 살기로 충심을 다해 매달린 길, 여기는 지금 또 어디인가? 내 가슴에서 춤추던 꿈, 푸른 하늘 밑에 앉아 있고 내 곁을 지키는 내 그림자, 세상에 매달린 나뭇잎 같다. 빛나는 태양이여, 너의 이름을 희망이라 했으니 구겨진 세상 속에 꿈꾸는 나에게 푸른 미소로 웃게 해다오. 언덕을 넘고 넘어 너무 낯선 곳까지 와 버렸지만, 작게나마 이곳에 고향을 만들었다.

십자가 빛나는 동네 교회, 비둘기는 인간의 근심을 하나씩 줍고 허둥대는 인간은 신호등 아래 다소곳이 복종하는 곳. 맑게 갠 하늘이 상심한 모두를 껴안을 때쯤, 작은 창문 속 누군가 정을 나누고 사는 곳, 그곳이 지금의 나의 고향이다. 갓난아기가 아이 되고, 아이가 어른 되고, 어른은 아이의 자람을 지켜보고, 아이는 어른의 늙음을 지켜보는 곳. 자꾸 작아지는 옷, 점점 커지는 옷, 그곳이 지금의 나의 고향이다. 일월의 오솔길 지나 이월의 자갈길 밟으며 광명한 태양 아래 목숨은 수시로 감동하며 꿈, 하나씩 툭툭 흔들어 깨운다. 대롱에 매달린 이슬방울 같은 너와 나, 나는 너를 닮고 너는 나를 닮아, 재갈재갈 슬픔과 기쁨을 뒤섞어 우리는 노래 부른다.

기다림과 슬픔의 꽃

곧장 달려갈 수도, 반쯤에서 멈출 수도 있었다. 가려면 가보라지. 쉼표는 찍어도 끝내 마침표를 찍지 못한 채, 길게 이어지는 길 위에서 나는 문득 생각한다. 나는 무엇이 되면 좋을까.

어두운 광야의 작은 빛이 되어, 외로운 누군가의 벗인 '너'에게, 또 다른 모든 '너'에게 닿고 싶다. 겨울엔 봄을, 봄엔 여름을 기다리며 현실 위에 눈부신 옷을 입히고, 종소리 사라진 뒤에도 나는 여전히 기다린다.

어느 날, 추억 한 토막이 망각의 벽을 뚫고 돌아와 계절의 화면 앞에서 애타게 손을 내밀면, 비워두었던 가슴이 다시 흐려진다.

버드나무 가지로 피리 불던 어린 날, 개울의 조약돌 위에 일렁이던 내 모습 속에서 나는 이미 슬픔을 알아버렸다. 구름 사이로 보일락 말락하던 기쁨은 차라리 선명한 설움이 되게 하라. 눈물은 슬픔의 구슬이 되어 또 다른 꽃을 피우고, 외로움은 정을 툭툭 건드리며 자라났다. 팔자걸음으로 달래 달래 흘려보내며 주름살을 끌어올려도 미끄러지는 고뇌의 얼굴, 그냥 '늙음의 꽃'이라면 좋으련만, 고난을 참고 이겨낸 자의 훈장이라면 더욱 좋으련만.

삶의 보자기 네 귀퉁이

순간과 영원, 나는 매일을 첫날이라 부른다. 죽음조차 첫날처럼 맞이하려는 연습. 하늘 열리고 빛 쏟아지던 날마다 인생의 무상함은 창 앞에서 거꾸로 섰다 바로 섰다, 요술을 부린다. 곱게 설익은 생각 은박지에 싸서 귀 밑에 향수 뿌리고, 삶의 보자기 네 귀퉁이를 반듯하게 접는다.

정, 누구의 가슴에 꽂혀 춥고 따뜻했던 그날의 온기들. 가슴을 한 번에 다 열지 않는 건 각도마다 다른 세상을 보기 위해서였다. 미소한 것들이 숨어 있는 자리를 조용히 들여다보기 위해서였다. 끝없는 추구. 우리는 하나가 끝나면 '땡' 하고 종칠 줄 알았지만, 그것은 또 하나의 시작일 뿐이었다.

우리가 예쁘다 말하려면 얼마나 더 예뻐야 할까. 백지 위에 눈, 코, 입, 마음씨, 꿈, 열매 맺힌 생각까지 그려 넣는다. 150도, 360도, 혹은 50도에 멈춘 나. 보일 듯 말 듯, 잡힐 듯 말 듯 그런 '나'. 물방울 똑똑 떨어지는 소리, 시간에 매질하는 소리.

음악 멈추고 조명 꺼서 젖 냄새 나는 그때로 거슬러 올라간다. 설움 기워 영원에 입힐 갑옷을 손질하는 동안, 고독의 길 위에 내리는 하얀 눈송이들. 이제 언덕은 오르지 않으리. 위태로운 바람의 수작 대신, 평원에서 빛과 더불어 쉬리라.

다시 불을 지피며

나, 이렇게 오래 살았으면 세상에 남길 업적도 많아야 할 텐데, 손가락을 펼쳐 아무리 더듬어 보아도 허기지도록 홀쭉한 유산뿐이다. 잡히는 것도, 남은 것도 없다. 피땀 흘려 애써 온 그 모든 시간은 대체 무엇이었단 말인가. 보이지 않는다. 아무것도.

혼동의 순간이 밀려와 온몸을 쥐어짜지만, 그럼에도 불구하고 나를 휘둘러 품고 있는 세상이 다시 보인다. 이 세상은 내가 전부가 아니었다는 사실. 뭉쳤던 마음을 풀어내며 '함께'라는 의미를 다시 배우기 시작한다. 손잡을 수 없는 먼 별들이 아니라, 곁에 있는 세상을 새롭게 알아차린다. 손잡을 수 있는 그 길로, 지금 나는 천천히 걸어 나간다.

2024년에서 2025년으로 해가 바뀌던 새벽, 나는 창을 통해 세상을 다른 각도로 바라본다. 인간들의 결심이 달라졌을까. 보이지 않는 새해의 안을 들여다보려 마음의 문을 활짝 연다. 아직 보이지 않지만, 분명히 다가오는 무언가가 있다.

곧 보일 듯, 곧 잡힐 듯 가물거리는 저 건너편을 향하여, 가이없이 연약한 생명의 길 위에서 나는 다시 내 안에 불을 지핀다. 찬란한 꿈의 길 위에 은빛, 금빛 가루를 뿌리며 겁도 없이 두 주먹 불끈 쥐고, 가만가만 발소리를 맞추며 오고 있는 세월과 함께 걷는다. 생명들은 모두 제 꿈을 키우고 여물기 위해, 각자의 불을 지피고 물길을 트며 찰나의 순간들을 다시 이어간다.

그 길 위에서 나는 비로소 안다. 무너짐이 끝이 아니었음을, 허무조차도 생명을 밀어 올리는 또 하나의 숨결이었음을.

 꿈의 씨앗을 뿌린 터전

어쩌면 지금 내가 부지런히 무엇을 하고 있다는 그 믿음, 바로 그 믿음이 있기에 나는 행복하다. 끝이 무엇이 될지 알 수 없어도, 꿈을 그리는 순간의 충만감이 나를 앞으로 이끌어 준다.

우리는 모두 조금 더 나은 내일, 조금 더 부유한 미래를 바라보며 이 순간을 굳굳이 살아낸다. 건배! 우리 모두 건배를 올리자. 미지의 생명 앞에서 굴복하지 않는 목숨으로, 이 순간을 이겨내기 위해.

창밖에는 내가 꿈의 씨앗을 뿌려 두었던 터전이 있다. 생각이 여물어 가던 그곳에서, 각자의 소리와 고유의 울림이 나를 기다리고 있었다. 나는 그것이 옳다고 믿으며 살아왔지만 여전히 부족함을 느끼며, 더욱 조심스레 공손히 두 손을 모은다.

때가 되면 화초마다 마법처럼 피어나는 꽃들. 그 신비와 교묘함 앞에서 나는 놀라움을 금치 못한다. 삶은 미웠다가도 다시 안아주는 교묘한 이음이고, 사회는 매 순간 한 인격에 등급을 매기지만, 나는 작은 미소로 새날 위에 꽃무늬를 수놓는다.

겨울날 아침 여섯 시, 딸과 사위가 탄 자동차의 꽁무니를 창밖으로 바라보며 나는 엄마의 사랑을 속삭인다. 올바르게 산다는 것이 말보다, 생각보다 쉽지 않음을 다시금 느끼며, 늦은 날에도 깨우침 하나씩을 바구니에 담는다.

벗어놓은 옷처럼 주인 잃은 기억들, 아지랑이처럼 흔들리는 그림자들 속에서 나는 묻는다. 진정, 우리 삶의 뜻을 아시는 분은 누구십니까.

젊었을 적, 나를 탐내며 곁에 있던 이들이 있었다. 그들이 있기에 행복했던 그 시절, 그 추억 덕분에 지금 백발이 된 나도 순간순간 행복을 느낀다. 기억 속에 남아 빛나는 날들이 있어, 나는 지금도 미소 지으며 살아간다.

오늘이라는 이름의 기적

'진실의 답'은 왜 그토록 꼭꼭 숨어 있을까. 왜 나는 그 답을 찾아야 할까. 찾아서, 또 무엇을 하려는 걸까.

법정 스님의 일기일회 가르침이 귓가에 맴돈다. 오늘 핀 꽃은 어제 핀 꽃이 아니다. 오늘의 나는 어제의 내가 아니다. 오늘의 나는 새로운 나다. 묵은 시간에 갇혀 새로운 시간을 등지지 말라. 과거의 좁은 방에서 나와, 내일이면 이 세상에 없을 것처럼 살라.

우리는 지금 살아 있다는 사실에 감사하라. 이 삶을 당연하게 여기지 말라.

단 한 번의 기회, 단 한 번의 만남, 그것이 곧 오늘이다. 이 고마움을 세상과 나누기 위해 우리는 지금 이렇게 살아간다.

Ellen J. Langer의 '마음 챙김'은 거기에 덧붙인다. 새로운 것을 적극적으로 알아차리는 힘, 한 번 지나가면 다시 돌아오지 않는 순간의 느낌. 오늘, 이 순간의 리듬을 타고 시간에 안겨 춤추는 마음, 세상과의 눈 맞춤은 살아 있음의 증표다.

이것들이 바로 '나'가 살아 있음을 증언해 준다. 진정으로 소중한 지금 이 순간을 위해 건배! 한 번뿐인 삶의 마지막에 가까워진 지금, 이 순간이 뼛속 깊이 소중함으로 스며든다. 나는 성심으로 이 순간을 아낀다. 나는 몇 층의 이야기를 쌓으며 살고 있는가.

층층의 꿈을 차곡차곡 세우고, 매일 다리 아프게 그 층계를 오르내린다. 웅장한 궁궐이라도 지어 놓을 듯 높은 꿈에 흠뻑 젖어 매 순간 분주하다. 군데군데 땜질하며 땀에 젖어, 다시 또다시 그 꿈을 세운다. 세상에 '나의 꿈'을 세워놓고 떠나기 위해, 건축가가 되기 위해. 그러나 꿈은 허물어지기 쉽다. 생명들마다 다투어 세워놓은 빽빽한 틈 사이에서 나의 꿈도 자꾸 무너져 내린다.

그럼에도 나는 다시 벽돌을 쌓는다. 무너짐 속에서도 새롭게 서는 일, 그것이 삶이기 때문이다. 오늘이라는 진실 위에 서서, 나는 또 한 번 내 안의 꿈을 세운다.

기다릴 기다림 있는 행복

세상은 잿빛 속에서도 앞으로, 앞으로만 향해 움직인다. 세월은 유수처럼 흘러가고, 생명들은 부여된 지점을 착착 지나간다.

나는 이제서야 그 광경을 선명히 본다. 모든 생명들이 오늘의 이 순간을 바삐 속력을 내어 지나간다. 마치 어디선가 이름을 부르는 소리에 끌려 숨을 할딱이며, 우— 앞으로, 앞으로 달려가듯. 누군가가 곧 큰 행운 한 덩이를 손아귀에 쥐여줄 듯이, 모두가 세월에 안겨 황황히 지나간다.

나 역시 그 무리의 꽁무니에 섞여 그렇게 흘러간다. 세월의 페이지를 한 장 한 장 넘기며, 세상이 천지 만물을 무겁게 실어 어디론가 가는 걸 본다.

그 종점은 어디인가, 무엇을 뜻하는가. 하루하루 접었다 폈다 하며 떠나보낸 소중한 나의 나날들이 지금은 싸늘히 식어 세월 뒤편에서 원망스런 눈빛으로 나를 바라본다.

저울대 위에서 밑으로 가라앉는 눈금을 지켜보며 나는 아직도 오늘을 붙잡아 희미한 무엇을 세상에게 다시 사정해 본다. Today I am waiting.

나는 오늘도 기다린다. 곧 비가 내릴 듯한 막연한 기다림, 아슴하고 기약 없는 기다림을 간절히 기다린다. 잡히지 않는 그 기다림을 이 늦은 날에도 하염없이 기다린다. 긴 세월을 기다린 끝에도, 무엇을 믿고 이토록 애타게 기다리는가.

그 색깔도, 모습도 모르는 기다림에 아직도 매달려 조르고 있다. 무엇을 불러올지 알지 못해도, 무작정 오늘의 문턱에 서서 하염없이 기다린다.

"분명 올 거야." 그렇게 스스로에게 속삭인다. 그런 기다림이 있어서 감사하다.

이 한 삶의 마지막 순간까지도 나는 아마 기다릴 것이다.

기다릴 기다림이 있어, 나는 행복하다.

사랑의 줄 이으며

산 넘고 바다 건너, 꿈의 도착지는 어디일까. 나는 물처럼 유유히 흐르고, 구름처럼 두둥실 떠가며, 새처럼 하늘을 날고, 꽃처럼 제 자리에서 방실방실 웃으며 살고 싶다. 앞으로 남은 날들은 그렇게 살고 싶다. 윌리엄 예이츠는 늙은 이들의 말을 전한다. "세상에 변하지 않는 것은 없다. 아름다운 것은 다 물처럼 흘러가 버린다." 물가의 늙은 가시나무 같은 무릎, 세의 발톱 같은 두 손, 그들의 말은 삶의 덧없음을 일깨운다. 오늘, 다른 시야 앞에서 나는 전과는 전혀 다른 세상을 바라본다. 세상을, 그리고 삶을 정의해보려 하지만 이 늦은 날에도 여전히 나는 방황한다.

혼동의 궤도 위에 서서도, 아직 숨 쉬고 있기에 나는 내일을 향해 두 손 모아 기도한다. 하루만큼 더 길게, 조금만 더 앞으로. 집집의 정문 앞, 한 가족의 안위를 위해 충성으로 지켜 서는 불빛들 앞에서 나는 깨닫는다. 우리는 결코 함부로 다뤄서는 안 될 소중한 존재라는 것을. 이제부터는 헛된 꿈을 깨고, 먼 곳의 것을 바라지 말며, 곁에 있는 이들에게 최선을 다해야겠다고 결심한다. 느슨히 풀려 있던 인연의 줄을 팽팽히 다시 손질하여 사랑의 줄을 이어가며 오늘을 산다.

아침이면 평화로운 온기 속에 실려 내 마음도 풀풀 흩어져 춤추기 시작한다. 새처럼 두 팔을 활짝 펴서 훨훨 날개짓하며 한 가닥 음악에 마음을 실어 새벽 길 위로 자유의 춤을 춰본다. 산을 넘고 바다를 건너며 이제야 나는 깨닫는다. 꿈의 도착지는 먼 곳이 아니라, 지금 내가 서 있는 오늘임을.

제 3 장

삶은 한 편의 소설

세월의 파도를 타고

삶의 갖가지 모습들이 한곳에 모여 통곡과 다툼, 기쁨과 슬픔이 섞여 어울려 하나의 '삶'을 빚어낸다. 그 삶은 세월에 실려 끝없이 떠밀려 내려가고, 한 생이 이렇게도 덧없이 우리로부터 훌쩍 지나가고 있다.

저기, 생명들이 삶을 실현해 보여주고 있는 바로 그곳이 세상이다. 바로 저것이 산다는 것이다. 분주히 오가는 소리와 숨소리에 실려 고개를 갸웃거리며 삶의 의문들을 싣고, 모두 그렇게 살아가고 있다. 오늘 내가 보고 아는 것은 오직 이것뿐이다. 소리 내어 울지 않지만, 눈물에 젖어 내가 아는 모든 곳으로, 가까이로 가고 싶어하는 간절함을 가슴에 쓸어안고, 긴가민가 하면서도 여전히 먼동이 밝아오는 곳으로 향해 눈부셔 가며 나는 아직도 그곳으로 걸어간다.

생명의 끈을 잡아당겨 늦추며, 오고 있는 내일을 향해 닻을 올리고, 내 마지막 힘까지 다 쏟아부으면서, 나는 여전히 걷는다. 돌아보니, 나는 언제나 '가야 한다'며 어디론가 그렇게 늘 걸어가고 있었다. 질벅거리는 길 위로 저벅저벅, 아랑곳하지 않고 그렇게 여기까지 왔고, 그리고 나는 아직도 그렇다.

노래 〈나 하나의 사랑은 가고〉가 속삭인다. "너를 보내는 들판에 마른 바람이 슬프고, 내가 돌아선 하늘에 살빛 낮달이 슬프다." 오래도록 잊었던 눈물이 솟고, 등이 휠 것 같은 삶의 무게에 "가거라, 사람아, 세월을 따라 모두가 걸어가는 쓸쓸한 그 길로. 사람아, 사람아, 내 하나의 사람아, 이 늦은 참회를 너는 아는지." 삶, 소낙비 같은 눈물 한 바가지 쏟고, 다시 세월에 올라타 착착 발맞춰 시작하는 이 질긴 삶이여, 나는 오늘도, 아직도 걷는다.

삶이라는 인생마당

삶이란 인생이라는 마당에서 한 세월 놀다 가는 것, 한바탕 울다 웃다 가는 것, 사랑에 목숨 한 번 걸어보고 인생이라는 소설 속에서 우리 모두 나그네로 머무는 것이다. 나훈아의 노래 〈새벽〉이 마음속에서 잔잔히 울린다. 시끌벅적한 세상 한복판에서 나는 조그맣게 내 자리를 비집고 앉아 겁도 없이 세상과 내기를 걸어본다. '누가 이기는가'를 두고, 내가 감히 '무엇을 믿고서' 이렇게 나서는가 스스로에게 묻는다. 알짱거리는 세상이 자꾸 내 앞에 시비를 걸어오면 어쩔 수 없이 맞붙어 본다. 잘난 것 하나 없는 내가 무슨 배짱으로? 아마 이러다 지쳐서 결국 주저앉을지도 모른다.

저마다 자기 고유의 이름을 가진 만물들은 그 이름처럼 모두 인내의 얼굴로, 한 번 피었다가 져버릴 것을 알면서도 그렇게 피어난다. 저 아름다운 꽃들은 무엇 때문이냐. 누구를 무엇을 유혹하느라 그렇게 애쓰는 것이냐. 나비와 벌을 부르는 그 말 없는 가련한 몸짓들, 무작정 우두커니 기다리다 지고 마는 그 꽃들. 꽃들이 다 져버린 벌판에 때를 놓친 나비 한 마리 훨훨 날아간다.

봄이 또 한 번 내게로 다가온다. 나뭇가지마다 새싹이 간질이며 피어나는 곰살거림, 자연의 신비로움에 눈물이 고인다. 재생으로 들썩이는 천지 속에서 오늘의 나는 그 안에 고유한 생명 하나로 함께 섞여 살아 있다. '내가 나를 지키지 않으면 누가 나를 지키겠는가.' 스스로에게 되묻는다. 엄살은 이제 그만, 비겁해하는 것도 이제 그만. 이 순간을 디딤돌로 삼아 남은 삶을 향해 다시 나아가야 한다. 더는 싱거운 헛웃음은 용납하지 않으리라, 나는 다짐한다.

순간을 공손히 받아들이며

까불지 마, '너'. 아니, '나'. 오늘 이 순간을 감사히, 두 손 모아 공손히 받아들여야 해. 이것이 지금 내가 내게 하는 간절한 부탁이야. 매 순간 정신을 바짝 차리고 깨어 있으라. 빈틈없이 살아 있음을 이어 '살았음'이 되게 하라.

헛웃음은 이제 그만, 흉내 내는 삶도 그만두자. 그냥 있는 그대로의 나로 살다 가면 된다. 스스로를 존중하고, 자신의 가치를 믿으며, 말보다 행동으로, 겉치레보다 진심으로. 완벽하지 않아도 괜찮다. 세상 누구도 완전하지 않으니, 이제는 부족한 나를 용서하며 살자. 내 안의 연약함을 꾸짖지 말고, 그마저도 삶의 일부로 끌어안자.

창가에 앉아 세상을 조금 다른 각도에서 바라본다. 바람이 스쳐 가는 소리, 먼 데서 들려오는 발자국 하나에도 나는 귀를 기울인다. 나뭇가지 끝에 매달린 꽃잎들이 바람에 흔들리듯, 우리 또한 그렇게 왔다가, 다시 빈손으로 떠난다. 피어남과 시듦, 그 모든 것은 정해진 순리일 뿐이다.

그럼에도 소낙비와 서리를 견디며 굳건히 피어나는 꽃처럼, 나도 내 자리를 지키며 오늘을 버텨야 한다. 무너짐 속에서도 다시 피어나는 힘, 그것이 생의 존엄이다. 나는 흔들리지만, 쉽게 부러지지 않는다. 내 안의 믿음이 나를 세운다.

어쩌면 저 멀리 누군가, 나처럼 창가에 앉아 불 켜진 이 밤을 바라보고 있을지도 모른다. 우린 서로 다른 곳에서 같은 파장으로 이 위태로운 순간을 함께 건너가고 있다.

삶은 그렇게 보이지 않는 끈으로 이어져 있다. 눈물 속에서도, 한숨 속에서도, 우리는 모두 서로의 불빛으로 살아 있다. 그리고 나는 안다. 오늘이 지나면 또 다른 오늘이 오겠지만, 이 순간은 다시 오지 않는다. 그러니 나는 오늘을 놓치지 않겠다.

이 순간을 온전히 느끼며, 감사히, 공손히 받아들인다. 그리하여 내일, 나는 조금 더 단단한 '살았음'으로 깨어나 있으리라.

창을 통해 배운 인생극장

나의 침실 창마다에는 살아 꿈틀거리는 '살아 있음'의 모습이 있다. 하루 스물네 시간, 한 달 서른 날, 한 해 삼백예순다섯 날, 쉼 없이 이어지는 세상이 창 앞에서 나를 겁주듯 몰아세운다. 그러나 그것이야말로 내가 살아 있다는 증거 아니겠는가. 나는 스스로에게 간절히 당부한다. 세상 근심을 모두 짊어지려 하지 말라고, 제발.

언덕 아래 수많은 눈빛들, 슬픔과 원망이 뒤엉킨 삶의 무게가 때로는 나를 세워주고, 때로는 밀쳐내며, 공처럼 굴려버리기도 한다. 그러나 긴 세월 끝에 여전히 나를 붙들어 지켜낸 힘, 그 은혜에 오늘 나는 고마움을 드린다. 신의 섭리를 다 알 수 없듯, 인간의 눈으로 세상의 속까지 꿰뚫는 것은 불가능하다. 봄이면 새싹, 가을이면 열매, 끝내 시들어 무로 돌아가는 것, 그것이 우리가 아는 전부일 터.

그러니 남은 날들은 감사와 기쁨으로 살아가리라 다짐한다. 세상은 완전하지 않지만, 그 불완전함 속에도 빛이 있다. 슬픔은 언제나 희망의 여백을 품고, 고통은 때로 사랑의 그릇이 된다. 나는 그것을 이제야 조금씩 배워간다.

나의 창을 가득 채우는 인간 군상들, 각자의 소원과 목숨을 걸고 살아가는 모습들이 저마다의 이야기로 펼쳐진다. 탄생과 죽음, 이별과 만남, 웃음과 통곡이 뒤섞여 샌프란시스코 만 위에 거대한 인생극장이 열린다. 오늘도 나는 그 무대 한편에 서서 다시 삶을 배우고, 새벽의 막 오름을 지켜본다. 창가에 부서지는 첫 햇살을 바라보며 나는 속삭인다.

"살아 있음, 그것만으로도 충분하다."

허리 곧추 세운 오늘

근심과 웃음이 뒤섞여 오늘 하루가 다시 찾아온다. 불그스레 열린 동쪽 하늘 앞에서 막연한 기다림에 박동치는 가슴을 부둥켜안고 나는 영원을 향해 허리를 곧게 세운다. 하루 끝마다 허기져 시들던 영혼이 새벽마다 스스로 팽팽이 일어서는 이 힘, 이 '기운'이 나를 여기까지 데려왔다.

프리웨이를 질주하는 당신들, 무엇을 향해 그리도 바삐 달려가는가. 나는 그 속에서 꿈틀거리는 세상을 새삼스레 알아차린다. 내가 빠지면 세상도 사라진다는 듯, 오늘도 나와 함께 세상은 앞으로 밀려간다. 그리움은 손 닿을 듯 아득히, 그 옛날 사랑의 속삭임은 대답 없이 스며든다. 나는 여전히 추억을 만들며 산다. 내일이면 또 한 폭의 그리움으로 남을 꽃 같은 순간을 눈빛으로 새기며.

월요일과 주말이 발맞춰 오가며 나의 인생 열차는 여전히 안갯속을 달린다. 어딘가 보이지 않는 도착지를 향해 부지런히 나를 실어 나른다. 생명은 참으로 질기다. 억센 비바람에도 꺾이지 않고, 끝내 이겨내는 그 장함이여!

거울 속 나를 바라보며

별빛 내리던 영혼의 숲에서 나와 또 다른 세상을 마주하며 나는 삶을 배워간다. 거울 앞에서 내 눈동자를 바라보다 문득 나 자신이 두려워지는 순간들, 어디로 튀어 나갈지 모르는 내 안의 무수한 조각들이 어떤 일을 저지를지 모른다는 그 두려움이 요즘 더 자주, 더 깊게 찾아온다.

해가 뜨고 지는 길 위에서 언젠가 내 모습이 사라질 날을 떠올리며 꽃과 새를 사랑했고, 뺨에 스치는 바람까지도 감사했다. 무지개의 환희와 개 짖는 소리, 자동차 소음까지도 삶의 증거라 믿는다. 세월의 사랑이 무르익어 가슴 가득 차오른 이곳에서 나는 내 발걸음을 또박또박 떼며, 감사를 한 줌 한 줌 안아 떨리는 손끝으로 행복을 수놓는다.

매일매일 초와 시간들을 밟아, 여기까지 와서 묻는다. "이 모든 것은 진정 무엇이었는가?" 과연 나는 착하게 살라는 귀띔을 따랐는가? 한적한 모퉁이에서 나는 나에게 다시 물어본다. "난 노력했어, 내가 아는 한, 분명 그랬어."

모든 걸 아는 것 같으면서도 아무것도 모르는 듯한 이 자리에서, 나는 발걸음을 멈추고 또 묻는다. 무엇이 그리 두렵고 무엇이 나를 타인을 향해 애타게 내몰았는지. 만남의 인사처럼 이별의 인사처럼, 정처 없이 또 떠나야 하는 사람처럼, 나는 오늘도 나 자신을 알아가려 한다.

나는 누구였을까?

젖줄 따라 흐르는 무수한 생명 앞에서 나는 나에게 속삭인다. 풀 죽지 말라고, 기 죽지 말라고, 고개를 당당히 들라고. 쓸모없는 걱정만 늘어놓지 말고 순간마다 쫑쫑 엮어 이어 가자. 다음 문이 열리면 망설이지 말고 믿어 온 대로, 믿는 대로, 그냥 앞으로, 당당히 나아가자. 이것이 오늘 내가 나에게 건네는 한 부탁이다. 제발, 나를 믿어 줘.

사소한 것에도 쉽게 구겨지는 삶이지만 나는 이미 먼 길, 이김을 향해 여기까지 왔다. 이제 와서 더는 내 삶을 스스로 구겨놓지 말자고 나에게 다시 부탁한다. 겁먹지 말고 작은 걸음 하나씩 밟아 다음 정거장까지 가 보자. 무서워도, 그래도, 나는 갈 수 있을 것이다.

나는 여전히 세상을 창가에 펼쳐놓고도, 그 속을 알 수 없어 고뇌한다. 아무리 들여다봐도 세상은 허무한 놀이 같다. 지금 이 늦은 날, 나는 세상 앞에 바싹 서서 "너는 누구냐"라는 질문을 재촉 받고 있다.

딸이었고, 아내였고, 엄마였던 나. 간호사였고, 학생이었고, 시인이었던 나. 그 꼬리에 주룩주룩 달린 또 다른 이름들, 또 다른 얼굴들. 그래, 나는 지금도 묻는다. 나는 누구였지? 내 역할은 무엇이었지?

열린 문 하나씩 닫으며

특별히 잘난 것도 없는 '나'. 그런데 어쩌다 나는 자꾸 잘난 체를 할까. 부끄러움으로 가득한 내가, 제발 그러지 말자고 늦은 이 날에 나 스스로에게 간청한다. 새롭게 도착하는 순간들, 인생의 끝으로 점점 가까워지는 이 즈음에 나는 착하기만 하면 된다고, 영문 모르게 고개를 푹 숙인다. 못난 것인가, 아니면 지쳐 있는 것인가. 이제 나는 어디로 가야 할까. 닫힌 문 앞에서 자꾸만 돌아서고, 새 봄은 다시 꽃을 피우는데 나는 아직도 그 문턱에서 머뭇거린다.

하늘 나라는 지금쯤 얼마나 만원일까. 억만년 동안 모여든 착한 생명들이 그곳에서 어떤 빛을 내고 있을까. 내게 분할된 세월은 점점 사라지고 두 손 탁 놓고 나는 한가운데 서서 아리송한 무엇을 간절히 기다린다. 이름 모를 자리, 무지로 꽉 막힌 이곳에서 나는 여전히 땅을 파듯 삶을 파헤친다. 펜을 손에 꼭 쥐고 어둠 한가운데로 구멍을 파며 그 반대편 어딘가의 빛을 곧 알게 될 것 같은 믿음으로.

늙음의 모형처럼 조각된 나를 바라본다. 어디선가 은은히 들려오는 이 슬픈 노래는 또 무엇인가. 열린 문을 하나씩 닫으며 나는 지금 이곳, 슬픔이 물결치는 자리까지 도착하고 있음을 느낀다.

빛과 그늘 얽히는 자리

무한히 이어지는 생각의 끝, 내 심상의 마지막은 도대체 어디쯤일까. 평생을 다해 성심으로 나를 파헤쳐 왔건만 왜 아직도 아무것도 보이지 않는가. 타인의 생각은 물론 알 수 없으나 어째서 나는 나를 알지 못하는가. 세월은 흘러가는데 나는 아직도 보채지 않고 그저 조용히 실려 조금 더 가 보려 한다. 먹구름 몰려와 겁나고 무섭지만, 그래도 조용히 기다려 보려 한다. 살아 있는 눈빛이 애타게 무엇을 끊임없이 찾고 있는지, 잃어버린 것도 기억나지 않는데 막연히 찾고 있는 그것은 무엇인지, 신께 이제는 가르쳐 달라고 간절히 기도한다. 눈 뜨고 있어도 보이지 않는 것, 그 정체가 무엇인지 분명히 보여주고 알려주세요.

사람과 사다리는 욕망에 묶여 출렁이고, 내가 나 되어 가고 당신은 당신이 되어 간다. 몇 번이고 다시 일어서 이루어진 벽, 깨어지고, 부서지고, 쪼개지고, 쓰러지는 것에 대한 명상이 있는 벽. 빛과 그늘이 서로 얽히는 자리에서 우리는 돌아올 수 없는 길을 지나 탐스러운 지점까지 익어간다.

— 시 산맥 작품상 중에서

<욕망의 교집합>

사람과 사다리는 욕망에 묶여 출렁인다.
내가 나로 되어 가고, 당신이 당신으로 되어 가듯이.

<파벽돌의 방식>

몇 번이고 다시 일어서서 벽이 되고,
부서지고 깨지는 그 자리에서 명상이 깃든다.
그늘과 빛이 뒤엉킨 그 지점에서
우리는 돌아올 수 없는 길 위에서
탐스런 성숙으로 익어간다.

삶은 한 편의 소설

이 세상을 오래토록 거쳐 온 '나'라는 가치의 점수는 과연 몇 점짜리일까. 나는 몇 점짜리 인간인가, 무엇을 위해 여기에 머물고 있으며 무엇을 해야 하는가. 존재의 이유는 분명 있어야 할 터, 그것은 무엇이며 어디에 있으며 나는 무엇을 향해 가야 하는가. 점점 조급해져 오는 이 느낌 속에서 내 힘이 모자람을 절감하며, 감사의 보답으로 무엇을 해야 할지 몰라 또 한 번의 새벽을 허허롭게 보낸다.

내게 부여된 새벽이 이제 그리 많이 남지 않았기에, 나는 더 간절히 묻고 또 묻는다.

나와 네가 합쳐 하나 되어 가족이라 불리며 찬란했던 삶, 한 송이 꽃이 피었다 지듯 그렇게 지나온 세월. 돌이켜보니 삶은 그것이었음을, 하나의 소설 속 이야기가 시작되어 마무리되는 것처럼 그렇게 흘러왔음을 깨닫는다. 우리 모두는 이 세상에 한 편의 소설 같은 이야기를 남기고, 그저 싱겁게도 그렇게 왔다가 가는 존재일 뿐임을.

제 4 장 저승 갈 때 뭘 가지고 가지?

나를 일으키는 새날

어디에 꼭꼭 숨어 있다가 불쑥불쑥 나타나는 꽃송이들, 너희는 어디에서 와서 이렇게 아리따운 자태를 뽐내는가. 봄바람 타고 한들한들 춤추며 번민 없이 살아가는 법을 너희는 어떻게 알고 있는가. 내 창가의 난초도 스스로 줄기를 길게 뻗더니 불룩한 몽우리를 밀어올려 자색 꽃을 피워냈다. 그 요술 같은 순간에 나는 감탄하며 눈길을 꽃송이 안으로 깊숙이 들여다본다. 꽃을 통해 오늘도 나는 삶을 연구하며, 모든 생명은 어디서 와서 어디로 사라지는가를 묻는다.

그러나 나에게 부여된 세상은 점점 오므라들고, 빈자리는 점점 넓어진다. 나는 그 빈 곳을 성심으로 지켜보며 보이지 않는 얼굴들을 더듬는다. 반짝이는 것들은 모두 기쁨인 줄 알고, 떨리는 손으로 하나하나 공손히 주워 담는다.

새날은 한 치의 어김도 없이 마치 굳은 약속이라도 한 듯, 꼭꼭 시간 맞춰 찾아와 두 손으로 나를 붙들어 흔들며 일으킨다. 그리고 다시 한 발짝 앞으로 나아가라 호령한다. '다시 새날'이 오늘도 나를 전진하게 한다.

 다시 지피는 불씨

세상을 거쳐가는 내게 주어진 행운이 감사하다. 그러나 때로는 공연히 세상을 째려보며 심술궂은 마음이 불쑥 올라온다. 알 수 없는 슬픔은 빈 시간마다 비처럼 쏟아져 가슴을 적시고, 설렘과 환희로 가득하던 마음조차 점점 시들어간다. 지금 나는 흔들리는 다리 위에서 더 강도 높은 슬픔을 이고 서 있다. 무리 속에서도 홀로 살아가는 듯한 외로움, 결코 네가 내가 될 수 없고 내가 네가 될 수 없는 이 고독 속에서, 정성껏 붙여 다듬어온 나라는 생명을 하얀 이별의 문 앞에서 조심스레 신께 바칠 준비를 하고 있다.

매 새벽마다 삶과 나의 결투는 다시 시작된다. 아무도 보지 않아도 옷매무새를 단정히 하고, 누구의 명령도 없는데도 차렷 자세로 선다. 나는 왕비도, 공주도 아니면서, 삶 앞에서 스스로를 세우는 이 알 수 없는 행위를 반복한다. 그러나 새벽은 여전히 찾아오고, 그때마다 알게 된다. 세상에 나무랄 것은 아무것도 없다는 것을. 근심이 있다면 그것은 아직 내가 살아있기 때문이라는 것을.

앎의 새싹들이 돋아나는 새벽, 그 북적임 속에 또다시 삶의 불은 피워진다. 늙지 않는 마음과 죽지 않는 눈빛의 기상으로, 나는 오늘도 새벽을 수놓으며 다시 시작한다.

내가 졸고 있는 사이

굽이굽이 출렁이며 세월 치마폭에 싸인 삶, 때로는 높은 산을 넘듯, 때로는 외나무다리를 건너듯 붙잡을 것 하나 없이 위태로운 인생길을 와들와들 떨며 홀로 걸어가야 한다. 무서움에 어지럼증이 일어도 나는 걸음을 멈추지 않는다. 아무 대답 들리지 않는 정적 속에서 "여긴가, 저긴가" 스스로 묻듯이 한 발씩 조심스레 내딛는다.

모양도 빛깔도 냄새도 알 수 없는 무언가를 아직도 간절히 기다리며, 삶을 살찌울 한 그릇의 보신탕처럼 가지각색 재료를 모아놓듯 마음을 채우며 기다린다. 가을바람에 멱살 잡혀 흔들리는 연약한 화초를 보며, 도대체 무슨 잘못을 저질렀기에 저토록 고초를 겪는가 깊이 생각해본다. 내가 졸고 있는 사이에도 세월은 폭포처럼 속력을 내어 지나가며, 세상은 흙탕물처럼 조금씩 사라지고, 세워놓았던 것들을 무너뜨리며 흘러가고 있다.

그래, 가 보자

도대체 나더러 이 늦은 날에 어쩌라는 걸까. 꽤 오랫동안 잊고 있던 세상이 돌연 날개를 펴 속살을 보여주듯 나를 이곳에 내려놓았다. 지금 와서 세상은 또 다른 모습의 나에게 또 다른 대화를 원한다.

나는 혼잣말을 자주 한다. "그래, 그래." 하고 대답하듯, 이 순간 최선을 다하고 있다는 스스로의 긍정처럼. 저 멀리 반짝이는 불빛을 향해 아직도 한 발씩 내디디며 나아간다. 어디로 가는지 모른 채 떨리는 손으로 알 수 없는 다음 순간의 문을, 조용히 열어가며 이 새벽에게 간청한다. 부끄러움 없이 인내와 참음으로 꽃 한 송이처럼 살다 떠나게 해 달라고, 그것이면 족하다고. 내 안에서 곰실거리는 보이지 않는 작은 용사들의 움직임, 그 속삭임을 듣는다.

"그래, 가 보자." 지금은 그저 마음씨 좋은 생명이 되는 때. 순풍에 실려 온 세상의 얘기들이 들릴 듯 들릴 듯 다가오는 어느 하루, 나는 고개를 끄덕인다. 오무라들어 접힌 마음을 들판에 펼쳐 문제를 알아보고, 더러는 추슬러 버리고 더러는 다시 줍듯 가슴에 담는다. 세상과 발맞추어 한 발씩 앞으로 걸어가며 살아 있음이 잠시 '반짝' 불 밝혀지는 순간을 붙든다.

그래도 아름다웠다

순간과 영원은 어쩌면 하나일지 모른다. 긴 세월을 건너 여기까지 왔지만, 내가 아는 것이 많지 않음을 깨닫는다. 저 멀리 추억이 길게 줄 지어 지나가고, 내가 나 아니었던 것처럼 산 넘고 강 건너 눈부신 들판에서서 환한 미소 짓는다. 지금 나는 스스로에게 조용히 속삭인다. "그래도 아름다웠다."

오늘 아침 눈을 떴을 때, 나는 여전히 이 세상에 있었다. 그래, 나는 있었다. 나는 아직 조금 더 달려가야 한다. 그 이유가 무엇인지 분명히 알지 못하더라도. 도시의 불빛은 반짝이고, 출근 차량들이 긴 행렬을 이루며 새로운 하루를 시작한다. 그 모든 것들이 내게 무엇이라 말하고 있는 걸까. 나, 아직은 좀 더 달려야겠지? 그래야겠지?

도시 한복판 맨땅에 오므리고 누워 자고 있는 작은 존재를 보고 가슴 철석이며 지나친다. 이 넓은 천지에 쉴 곳도 없이 그렇게 놓여 있는 생명. 그런데도 나는 여전히 내 자리에서 높은 꿈을 꾼다. 염치없이, 말이 되는가? 내 길을 가야 한다며, 또 내일, 그 다음 내일을 염원하며 이 언덕 위에 서서.

세월의 나이 2025년, 내 나이 아흔 가까운 지금, 나는 여전히 많은 것들의 이름을 소리쳐 부르며 내일을 향해 서 있다.

눈물 한 줄기 흘리고

4월의 하늘은 같은 하늘인데도 공연히 마음이 울컥하다. 고향에 왔건만 더는 볼 수 없는 부모님, 꼭 한 번 더 뵙고 싶은 그리움에 눈물 삼키며 혼자 부끄러워한다. 나무 가지에서 잔가지가 조롱조롱 봄바람에 간지럽게 흔들리고, 텅 빈 골목길 앞에서 감은 눈 속에 기억들이 가득 차오른다. 이것이 무엇이던가. 혼자서 헛웃음 킥킥, 나만이 아는 지난날 속에 흠뻑 빠져본다. 그립고 그리워도 돌아갈 수 없는 그 길이기에.

추수 끝난 들판 같은 쓸쓸함 속에서 못다 한 말들을 가슴에 남긴 채, 발걸음 무겁게 두리번거리며 남은 '내 것'들을 꼬옥 겨드랑이에 끼고 걷는다. 홍천 강변에 목 긴 하얀 물새 한 마리, 나처럼 우두커니 서서 먼 곳을 응시한다. 나는 다리 위에 멈춰 서서 괜스레 눈물 한 줄기 흘리고, 구슬비 부슬부슬 내리는 홍천강변의 이른 아침이 어찌 이리도 구슬퍼 보이는지.

앞으로 남은 날들을 가만히 헤아리며 오늘도 걸어간다. 쏟아지는 슬픔에 가슴 벽을 타고 눈물이 흐른다.

저승 갈 때 뭘 가지고 가지?

<여보게 저승 갈 때 뭘 가지고 가지?> 서봉산 스님 에세이

행과 불행은 두 마음이 아니다. 이 길이 내 삶임을 알아 가슴을 재우고, 스스로 얽혀 괴로워하는 우리, 그것 또한 수백 생을 익혀 온 숙업이리라. 아픈 현실도 아름답게 엮어 갈 수 있는 그런 마음이 참된 수행이리라.

<천 년의 사랑> 양귀자

영혼이 경험하는 사랑이여. 이 향긋한 바람, 이 청청한 하늘, 이 벅찬 평화를 너무 아까워서 나는 바람과 하늘, 우주의 평화를 담아 그대에게 보냅니다. 운명에 손 대지 않는 마음으로.

어둠이 내릴 때 깔리는 초저녁, 호명되지 않는 자의 외로움, 그 속에서 질긴 투쟁.

상식에 역으로 대응하며 남들이 당연하다고 여기는 길에 반기를 들자.

상처만 피하려다 보면 세상에서 고립되리라. 철저히 스스로를 훈련하고, 어차피 살아야 한다면 덜 다치는 법을 익히라. 달콤해지지 말 것, 세

상이 환하다고 착각하지 말 것.

청청하고 온화한 대기 속에 앉아 문득 떠오르는 죽음 그 이후. 탑을 쌓듯 그리움을 쌓았는데 이제는 더는 마음을 얹을 데가 없다. 모아 온 그리움을 불사르고 돌아오면 숨쉬기가 훨씬 편할 것 같다. 지쳐 쓰러지더라도 이 고통이 행복임을 알게 되리라.

그리움의 탑 쌓으며

우연은 없다. 모든 것은 잠시 스쳐가는 불나방처럼 오고 가고 사라진다. 팽창한 풍선의 바람이 빠지듯 절정도 흔적 없이 사라진다. 나는 어디로 가야 하는가. 욕심은 버리되 요구할 것은 당당히 요구하리라. 누구도 대신할 수 없는 책임과 의무가 나의 몫이니.

그리움의 탑을 쌓는 일, 아직은 그것이 나의 길이다. 환한 햇빛 속을 손 흔들며, 풀 내음 가득한 길 위로 나는 오늘도 간다.

마음의 결 쓸어 올리며

흩어졌던 정원이 반듯해지고, 지쳐 있던 몸이 우주로 열리며 가벼워지는 순간, 혼란은 조용히 수습되었다. 우리는 태어날 때부터 영적 주파수를 지니고 온다. 몸 전체가 깃털처럼 가벼워지는 자유와 해방의 경계로 뛰어오르는 그 체험은, 살아 있음의 증거이자 존재의 기쁨이었다. 누구라도 한 번 정진의 길로 들어서면 우주와 하나 되는 놀라운 자유를 누릴 수 있다. 스스로 알아지리라. 스스로 깨닫지 않는 이치는 헛것이다. 생각이 떠오르는 대로 그냥 따라가라. 벽이 나타나면 잠시 되돌아가라. 그것이 곧 흐름이요, 길이다.

사랑이 우박처럼 쏟아지던 자리, 그 사랑이 멈춰버린 곳에서도 생명은 다시 싹트는가. 나는 마음의 결을 고운 빗자루로 쓸어본다. 모든 마음은 마음에서 시작해 마음으로 끝난다. 마음은 우리의 영원한 틀이다. 그릇을 깨뜨리면 아무것도 담을 수 없다. 당신을 묶고 있던 줄을 푼 사람은 다름 아닌 당신 자신이다.

크나큰 고통이야말로 정신의 최후의 해방자이며, 오직 그 고통만이 우리를 마지막 깊이의 심연까지 이끈다. 깨우침이 있어야 그것들이 몸에 스미듯 마음에 스며들어 정신을 진화시킨다. 변화를 위해서는 반드시 에너지가 필요하다. 티끌 없는 눈만이 사랑을 본다. 잡티 하나 없는 맑은 마음만이 삶의 원천을 본다.

조그마한 행복

조그맣게
조그마한 행복 속에 있으렵니다.
미워하지 않으렵니다.
울지 않으렵니다.
조그마한 행복 속에 있으렵니다.

웃음 밑에
조그맣게 자란
오늘 속에서
조그맣게
조그마한 행복 속에 있으렵니다.

나는 아직 쓰고 있다

한적하던 노인촌을 벗어나 S.F Bay, 하이웨이 80을 따라 새벽 어둠을 뚫고 인간들이 꿈을 좇아 줄지어 달리는 번잡한 곳으로 옮겨왔다. 오래도록 잊고 살았던 삶의 전선을 다시 마주하며, 이 나이에 내 마음도 점점 바빠지고, 조급해지고 있음을 느낀다. 세상에 '나' 새롭게 다시 태어난 듯, 마치 삶의 첫날인 듯, 나는 차렷 자세로 새벽 창 앞에 두 손을 공손히 모은 채 서 있다. 저 멀리 아주 멀리, 내 눈길이 마지막으로 닿는 그곳, 더는 나아갈 수 없는 하늘과 육지가 맞닿은 지평선 끝, 인생의 종점을 바라보며.

여기서부터 나는 이제 어디로 가야 하는가.

아직은 조금 더 남겨진 이 길 위에서, 나는 다시 세상을 향해, 천지를 향해, 마치 처음인 듯 경건한 기도를 올린다. 이제 와서 더 구한들 무엇이 달라지랴마는.

백지 위에 새겨 남기는 나와 천자와의 긴긴 대화, 애초에 이렇게 길 줄은 생각지 못했지.

앞으로 내게 남은 삶은, 내가 잡은 펜을 서서히 놓아 자유로이 훨훨 날아가라 보내주는 일이겠지. 하지만 어찌 알겠는가.

아직은 어떤 색깔의 내일을 집어 올릴지 모른 채, 마구 떨리는 손에 조심스레 펜을 쥐고 백지 위에 꼭꼭 눌러가며 연신 무언가를 적고 있다. 많은 것이 달라져 버린 이 순간에도, 나는 여전히 하고 싶은 말을 찾아 애써 비집고 들어가고 있다.

내게 남은 시간에 나는 무엇을 할 수 있겠는가. 그 물음에 답은 없지만, 적어도 나는 안다.

아직 '나' 살아서 꼼틀거리는 이 무료한 시간 속에서도, 여전히 펜을 들고 있다는 그 사실 하나만으로 나는 지금도 살아 있다. 그래서 오늘도 나는, 아직 쓰고 있다.

에필로그

삶과 죽음의 사이에서, 나는 다시 일어서리라

삶을 잊어버린 뒤에야 마음은 아침 공기처럼 맑아지고, 마음이 맑아진 뒤에야 모든 것이 하나임을 본다. 고금의 경계가 사라질 때 비로소 삶과 죽음이 다르지 않음을 깨닫는다. 천지는 내 몸을 빚어 나를 세상에 보냈고, 삶은 나를 부지런히 움직이게 했으며, 늙음은 나를 편히 쉬게 하고, 죽음은 마침내 나를 쉬게 한다. 그러므로 삶이 좋다 함은 곧 죽음이 좋다 함이다. 성인은 하늘을 본뜨고, 하늘은 도를 본뜨며, 도는 자연을 본뜬다. 진인은 역경을 거스르지 않고, 성공을 자랑하지 않으며, 억지로 무언가를 꾀하지 않는다.

<장자편> '다르마 총서' 5 중에서

나는 새 시대를 살면서도 옛 지인들의 가르침 앞에서 여전히 주춤인다. 이유 모를 슬픔이 가슴을 타고 흐르고, 물처럼 흘러가던 마음은 어느 지점에서 다시 나의 얼굴을 비춘다. 그것이 기쁨인지, 슬픔인지, 혹은 환희인지 나는 여전히 묻는다.

이제 나는 쉼터를 찾는다. 내 자리, 나의 숨결, 나의 안식처는 어디에 있는가. 잃은 것인지 스스로 내어준 것인지 알 수 없지만, 그래도 나는 멈추지 않으리라. 한적한 시골 간이역의 바람 속에서 잠시 멈추어 섰던 그날처럼, 바람에 날리며 나를 잃기도 하겠지만 다시 신께 묻는다. "어디로 가야 합니까?"

그럼에도 내 마음 한켠에는 내 것이라 부를 작은 자리 하나를 남기고 싶다. 그곳에 내려 쉬며 다시 숨을 고르고 싶다. 그러나 여전히 나는 달린다. 마지막을 향해, 아직 꺼지지 않은 생명의 불씨를 향해.

그래서 나는 오늘 또다시 스스로에게 외친다. “어서 일어서라. 가만히 있지 말고, 빈 시간의 칸마다 너의 숨결을 채워라. 허비된 순간은 다시 돌아오지 않는다. 지금이 곧 다시 시작할 수 있는 시간이다.”

사람은 홀로 설 수 없고, 삶은 혼자만의 소유가 아니다. 손 닿는 곳마다, 눈길 닿는 곳마다, 망가지지 않도록 조심히 어루만지며 살아야 함을, 나는 이제야 배운다. 괴테가 『젊은 베르테르의 슬픔』에서 노래한 것처럼, 인간의 사랑은 처절하지만, 그 고통 속에서도 이 천지는 창조주의 숨결로 가득 차 있다.

깨우침은 고통을 통과할 때 우리 안으로 스며든다. 변화에는 반드시 에너지가 필요하다. 그 에너지는 절망의 끝에서 솟아오르는 생명의 빛이다. 티끌 없는 눈으로만 사랑의 본질을 볼 수 있고, 잡티 하나 없는 마음으로만 삶의 원천을 마주할 수 있다. 흐린 마음으로는 결코 진실에 닿을 수 없다.

그러므로 나는 오늘 다시 일어서리라. 주저앉은 채로 시간을 흘려보내지 않으리라.

남은 날들, 텅 빈 칸마다 빛과 숨을 채우며, 마지막 순간까지 ‘살아 있음’을 증언하리라.

그것이 내 삶의 마지막 사명이자, 창조주께 올리는 나의 마지막 감사이기 때문이다.

발행일 · 2025년 11월 21일
초판 1쇄 · 2025년 11월 21일

지은이 · 박신애
발행인 · 김영란
발행처 · 북산책

주소 · 경기도 파주시 교하읍 문발리 513-5
한국 · (010) 4823-2320
미국 · 1-408-515-5628
이메일 · 4mybook@gmail.com
ISBN 978-89-94728-56-8(03800)

---

*잘못된 책은 구입처에서 교환해 드립니다.